走近巴尔干·历史回响

烽火逐鹿

巴尔干军事史话

编著 ◎ 张北晨

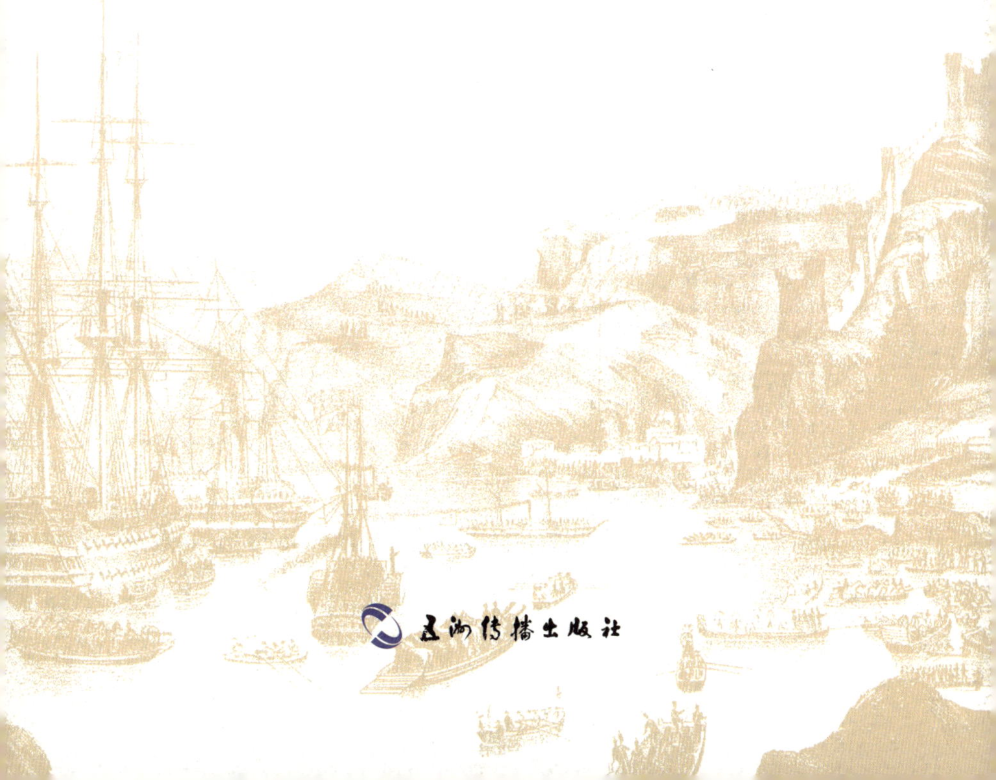

丛书编委会

丛书顾问
刘新成　马细谱　邱运华

丛书主编
梁占军、邱红艳

丛书副主编
李建军

丛书编委会委员
方　强　高　歌　孔凡君　刘文明　王　峰　余金丽　朱晓中

总 序

"走近巴尔干"丛书是首都师范大学国别区域研究院与五洲传播出版社共同打造的一套介绍巴尔干半岛国情和域情的学术普及型读物。其内容涉及巴尔干的历史与现实的方方面面,目的是为国内读者打开一扇深入了解巴尔干社会风情的大门。

巴尔干一词有地理、人文和历史等多重含义。其本义源自土耳其语,意为"山脉"。作为地理概念,它指的是欧洲东南部亚得里亚海和黑海之间的巴尔干半岛。因地处欧亚结合部,战略位置重要,是帝国和大国争夺之地;作为人文概念,它则是多民族、多宗教、多文明的交汇之地,长期以来基督教文明、伊斯兰文明和斯拉夫文明交相辉映,是欧洲文明的发源地;作为历史概念,它曾经背负过"一战导火索""欧洲火药桶"等负面的名声,经常与"暴力""杀戮""野蛮"和"落后"等词汇联系在一起。事实上,对于大多数国人来讲,巴尔干在很长时间内是一个表面上略有耳闻,实际上难得一见的遥远且陌生的地方。

不过,自2013年中国提出共建"一带一路"倡议以来,中国与"一带一路"共建国家和地区的合作日益升温,其中巴尔干各国的反应尤为积极。经过十多年的合作建设,巴尔干各国目前已成为中国海外商贸投资和旅游的重要目的地，中国与巴尔干国家间的人文交往也日益密切。国人对巴尔干的认知已经不再满足于电影和教科书中的"瓦尔特""铁托""萨拉热窝刺杀"和"南斯拉夫"等历史名词，而是希望更多地深入了解今天巴尔干地区各国的政治、经济、法律、历史、文化、社会风俗等各个方面，这是我们策划出版"走近巴尔干"丛书的主要背景和动力。

俗话说，国之交好，在民心相通。而民心相通的前提是相互了解与相互信任，前者离不开彼此间的信息畅通，后者有赖于彼此间的相互认同。我们要加强与巴尔干各国人民的友好往来，全方位地了解对方的历史文化和价值取向是必不可少的。出版"走近巴尔干"丛书就是想为国内读者提供一个多维度地了解巴尔干地区历史和文化的便捷渠道，其内容包括但不限于巴尔干地区和国家的政治、经济、历史、文化、艺术、社会、民族、战争、神话、名胜古迹和自然遗产等。每本书单独成册，力图深入浅出，简明扼要，融科学性和可读性于一体，希望为对巴尔干感兴趣的读者提供力所能及的参考。

总之一句话，出版"走近巴尔干"丛书是为了让读者更好地走进巴尔干！期待这套小书能够起到抛砖引玉、星火燎原的作用！

梁占军
2024 年 12 月 11 日
于中海雅园

目 录

导 言   1

第一章
古希腊城邦战争与军事扩张时期   9

第一节 特洛伊战争背后的古希腊军事演变   10

第二节 雅典的海军与重装步兵   19

第三节 斯巴达勇士与伯罗奔尼撒战争   26

第四节 亚历山大东征与马其顿战法   35

第二章
罗马共和国与帝国时期   43

第一节 希腊化时代的烽火与罗马入主巴尔干   44

第二节 罗马鼎盛时期的军团与军事皇帝图拉真   53

第三节 撼动帝国根基的北方蛮族   61

第四节 "罗马火"吓退不了蛮族   69

第三章
奥斯曼帝国统治时期   79

第一节 奥斯曼帝国崛起及其"新军"的狂飙   80

第二节 苏莱曼大帝征服与划桨战船的末路 88
第三节 奥斯曼帝国衰落与东方问题的出现 96
第四节 俄土逐鹿巴尔干 103

第四章
新世纪的巴尔干格局与第一次世界大战 113

第一节 列强扩张夹缝中的巴尔干 114
第二节 两次巴尔干战争中的阋墙之争 122
第三节 第一次世界大战中的巴尔干战场 130
第四节 战后条约中的相关军事条约约束 138

第五章
两战之间的巴尔干与第二次世界大战 147

第一节 两战之间的巴尔干地区军情 148
第二节 第二次世界大战中的巴尔干国家 155
第三节 南斯拉夫失陷与"瓦尔特"的抗争 163
第四节 第二次世界大战结束与巴尔干预热"冷战" 171

第六章
冷战时期的巴尔干 179

第一节 《百分比协定》与美国驻希腊军事基地 180
第二节 冷战下的外国军事基地和驻军 187

第三节 地中海上的"柏林墙"	194
第四节 冷战结束时的烽烟	201

第七章
当代巴尔干国家军情透视　　211

第一节 科索沃战争：第一次高科技战争"实验场"	212
第二节 当代巴尔干国家军情现状	219
第三节 巴尔干国家参与国际军事事务动向	228
第四节 巴尔干国家军事发展与走向	236

后　记	243
参考书目	246

导言

"军事"这一概念，最初大概来源于人类在原始社会时期产生的部落战争。在奴隶制时期，战争成为国家之间掠夺财富与奴隶的方式。通过战争，军事首长或首领脱颖而出，最终变身为一国之王。时至今日，那些与军事或战争同样古老的概念，如祭司、国王、酋长等，大部分都已消失殆尽，而与军事相关的事物却愈加繁多，甚至成为关系到国家生死存亡的大事，正所谓"兵者，国之大事，死生之地，存亡之道，不可不察也"。

在上古时代，部落或国家没有固定的军队，只能寓民于兵，而现代军队对于一个国家或集团来说，已经成为重要甚至主要的构成部分。在兵器方面，以前人们只是把田间地头的生产器具随意当作武器，现在，武器装备已经越来越专业，杀伤力越来越强，连无人机都已经成为重要的作战工具。经历过两次全球性战争的摧残和洗礼后，我们发现，血腥和残忍并不只存在于历史的文字中，军事要素已经成为与政治经济并列的评价国家实力的重要因素。面对手机屏幕，那些让人惊骇的武器装备和血淋淋的场面映入眼帘的时候，我们会更加意识到，战争离

导 言

人类并不遥远。

应激的本能会让人们感到疑惑,并且不由发问:人类已经进化得如此智慧了,为什么战争这种古老的现象却没有消亡?人类对待武器装备进化的态度应该是怎样的?赞叹还是忧伤?战争艺术、作战思想和武器研发,究竟是人类的进步,还是为将来某一天反噬打下的伏笔?面对这样的疑问,任何人都很难给出让人信服的答案。不过有一件事是确定无疑的,那就是我们对于军事历史研究得越多,便越能了解军事发展的规律。

二十世纪上半叶,两次世界大战都是从巴尔干地区引发进而扩展的,因此,巴尔干被后人称作"欧洲的火药桶"。这一地区是跨大陆联系的交叉点。在地理上,欧亚非三大洲在这里交汇;文化上,多个民族和不同宗教在这里共存。多种文明及文化的差异和矛盾,在一定程度上孕育了战争和冲突的种子,而战争和冲突最直接的表现,就是军事方面的发展和演变。本书从这一角度出发,梳理了巴尔干地区从古希腊到当代不同政权体系在军事上的斗争过程,对战争冲突、军事思想、武器装

备等方面进行了探究论述。

本书的写作思路是：构建并紧紧围绕"历史""军事"和"巴尔干"三个维度形成的立体坐标系进行布局和勾画。在历史维度上，以时间为标尺，全书共分七章，将巴尔干的军事历史粗略地分七个时期进行阐述。出于与现代意义的相关性，在划分原则上，前面的章节时间跨度较大，后面的章节划分更为细致。另外，为了使读者更好地理解巴尔干历史事件发生的年代，每一节开始都列出了相同年代中国历史上发生的大事件，以形成联想和对比。

战争是军事的主题曲，因此，本书在军事维度上以重要战争和冲突为主线，涉及战略战术、武器装备以及军事条约等与军事相关的内容。对一场战争，从军事角度进行描画与从政治和国际关系的角度去审视，结果是不同的。撷取和突出战争的军事内容，可以算作作者的一种尝试。

与历史结合的地理划定是极为复杂的问题，在古代一般只划定势力范围，近现代以来更强调了疆界的划分。在地理维度上，本书以巴尔干地区为研究范围，涉及国家不包括土耳其，

导 言

但所述内容包括土耳其的欧洲部分。在巴尔干历史上,土耳其曾经扮演过极为重要的角色,故本书会不同程度涉及相关内容。近代以来,世界不断交流融合,本书阐述的内容也不得不涉及与巴尔干相关的域外国家及其彼此的军事关系。

在全书的编排上,为了将巴尔干军事历史的发展变化完整地呈现给读者,作者对于较为重大的事件介绍和讨论得比较多,而对不甚重要的内容采取了"略写而不是略去"的方法,这样可以补全历史轨迹,保持发展的连续性,便于读者理解。其间,还穿插了作者的一些个人见解,悉为读者提供些许可以受益的知识。

本书的第一章为古希腊时期,从古希腊军事制度的演变谈起,重点介绍了雅典和斯巴达两个具有代表性的城邦,以亚历山大的军事东征为结束。第二章是古罗马时代,从罗马入主巴尔干开始,谈到军事皇帝以及北方蛮族对巴尔干的入侵与融合。第三章是奥斯曼帝国时期,着重叙述了奥斯曼帝国的崛起、对巴尔干的侵入以及其统治期间巴尔干地区的军事纷争。第四章以"东方问题"对巴尔干的影响为切入点,主要围绕第一次世界大战前后巴尔干的战争与冲突及其影响展开论述。第五章主要讲述两战之间和第二次世界大战期间巴尔干形成的民族国家与世界大国的关系以及军事冲突。第六章讲述冷战时期巴尔干国家在两极阵营中的地位，包括主要热点冲突问题以及北约和苏联两个阵营在巴尔干国家的军事存在。第七章讲述当代巴尔干军情。经过冷战，巴尔干国家重新洗牌，发展了各自的军事力量，大部分国家倒向北约，并在国际事务中发挥着一定的作用。

在写作以及资料准备的过程中，作者发现，以巴尔干军事历史为研究主题的书籍数量极少。由于时间原因，加之作者水平有限，难免顾此失彼，恳请读者批评指正。本书暂且算是作者进行的一次尝试，希望能为巴尔干战争通史研究抛砖引玉。

作者

2024 年 6 月

烽火逐鹿——巴尔干军事史话

第一章
古希腊城邦战争与军事扩张时期

第一节 特洛伊战争背后的古希腊军事演变

第二节 雅典的海军与重装步兵

第三节 斯巴达勇士与伯罗奔尼撒战争

第四节 亚历山大东征与马其顿战法

第一节
特洛伊战争背后的古希腊军事演变

中国历史坐标轴：

公元前 1900 年到前 1600 年之间，古代中国已经有了青铜兵器，包括钺、戈、刀等。

公元前 16 世纪，商汤联合诸侯势力进军夏，夏朝灭亡。

公元前 11 世纪，武王伐纣，牧野之战。

公元前 771 年，烽火戏诸侯，西周灭亡。

特洛伊战争曾多次被拍成电影，这些诞生于不同年代的影片，每次都会引起很大反响。领略了古希腊神话的魅力之后，人们不禁要问：那场战争中，真正的军事力量究竟是怎样的？

在人类社会发展的过程中，伴随着国家以及私有财产和奴隶制度的产生，出现了以掠夺他人财富和奴隶为目的的战争。军事首领在战争中的作用和地位不断上升，权力也不断增大。长期的战争之后，军事首领往往成为一国之王。"武士国王"的胜利，使城邦免遭游牧民族或部落入侵者的暴力侵袭，他们为

约在公元前1183年，希腊人使用特洛伊木马攻克特洛伊城。

城邦群体提供的保护，正是他们获得拥戴的重要原因。

爱琴文明是东地中海地区以克里特岛和希腊的迈锡尼为代表的青铜文明。大约公元前2000年至公元前1400年，米诺斯克里特人曾统治爱琴海地区。在公元前19世纪，克里特已经拥有了作为一个国家应具备的全部外在标志。与地中海以东的两河文明地区相比，描绘米诺斯人的壁画等艺术作品里，明显缺乏对于战争场面的描述。从考古发现的宫殿和市镇遗迹布局来看，这里好像没有防御工事，即使有一些可以用于防御的设施，也显然缺乏理想的防御思维。由此可以推测，米诺斯在爱琴海地区的影响力主要依靠对外贸易，而非军事征伐。

大约公元前1600年至公元前1100年间，迈锡尼文明在雅典南部繁荣兴旺起来。迈锡尼位于雅典西南方约100千米处，迈锡尼人的希腊在米诺斯文明的影响下发展壮大，最终取而代之。迈锡尼人的希腊以城邦国联合体的形式发展壮大，每个国家都以重兵防御的城堡式宫殿为中心。这个时代的国家体制是君主制，国王之下有一批官僚，其中最重要的官员被称为"拉瓦盖塔斯"，有可能是指军事将领。雅典、底比斯和皮洛斯都是影响深远的迈锡尼考古遗址。与米诺斯不同的是，迈锡尼的大多数人口生活在宫殿周围的小型定居点，或者居于零散的村庄里。这表明，他们没有集中的中央政治权力机构，似乎也没有具有一定规模的军事力量用于保卫自己和统御其他邦国。

不过，也有学者认为，当时迈锡尼的造船业非常发达，有相当数量的海军舰只作为各城市的主要防卫力量,因此,这里的城市和王宫都不设置高墙壁垒,这一点与其他古代文明重视城防建筑完全不同。古希腊历史学家修昔底德(约公元前460—公元前400/396)在他的《伯罗奔尼撒战争史》中提出,"米诺斯是第一个组织海军的人"。在军事上,迈锡尼似乎声威远扬,当时强大的东方赫梯王国[1]国王就曾经把迈锡尼国王与埃及法老相提并论。

从军事上来说,克里特和迈锡尼文明与周边的西亚和埃及有着明显的差异。后者是发展较为成熟的复杂国体,有军事力量的原始构成,而前者显然不具备这样的特征。然而,值得一提的是,荷马笔下关于克里特和迈锡尼希腊文明的传奇故事并非如此,相反,还充斥着尚武文化。[2] 在荷马的描述中,王宫形

---

[1] 赫梯王国(Hittie Empire)小亚细亚地区的奴隶制国家。公元前17世纪建立,约公元前14世纪达到鼎盛。公元前13世纪末,被腓力斯丁人肢解。公元前8世纪,残存的赫梯王国被亚述帝国灭亡。赫梯王国对古代世界文明的发展产生了深远的影响。他们最先发明和使用铁器,大大推动了人类生产力的进步。如今风行于欧洲各国徽章和旗帜的双头鹰标志,据说最早溯源于古代赫梯王国。

[2] 《荷马史诗》其实并非一时一人之作,如今所看到的《荷马史诗》,是公元前3至2世纪由亚历山大里亚的学者们编订过的作品。在流传过程中,又同神的故事融合在一起,为的是增强战争中英雄人物的神话色彩。

如防御坚固的营寨,均由武士国王统治,国王的形象恰如英雄的模样。在神话史诗的描述中,王者的地下墓室通常有做工考究的宝剑和其他武器陪葬,而"装饰宫墙的壁画描绘了一个英雄战士的生活方式……其中最为常见的就是上阵打仗"。荷马的六步格长诗《伊利亚特》可以称作一首战争交响曲,描写了"愤怒的人们为荣誉、复仇和个人利益而战,也为胜利和生存而搏"的宏大的战争场面。同时,《伊利亚特》也是武器技术、沙场战术和政治体制的大拼盘,从古至今都有涉及。

公元前13世纪末到公元前12世纪初,迈锡尼人经历了一场突如其来的浩劫,迈锡尼文明被摧毁。有的学者把这种毁灭性的破坏归因于地震、火山等自然灾害,但更多学者认为,这场浩劫是外敌多利亚人入侵造成的。公元前12世纪,国家之间的战争越来越频繁,规模也越来越大,希腊坠入黑暗时代。迈锡尼国王联合希腊本土各国远征东方小亚细亚西北海岸的小国特洛伊,虽然特洛伊城池被攻陷,但联军元气大伤,为北方多利亚人的入侵提供了可乘之机。后来的人们根据这场战争,演绎了"特洛伊之战"和"木马计"等故事。

此时,海上民族也纷至沓来。他们携带着各种新式武器,这些武器均由铁制成。铁制武器非常牢固,刀剑的刃比铜器更加坚硬锋利,可以说,这种新金属是制作武器的理想材料。冶铁技术的普及传播,将铁制兵器大众化,随之带来潜在的革命

第一章　古希腊城邦战争与军事扩张时期

性影响。曾经辉煌的迈锡尼王国在铁制武器面前显得羸弱不堪，青铜时代的希腊文明几近消亡。

冶铁技术和铁器是多利亚人给希腊带来的最重要的礼物。铁器的普遍使用，加快了希腊社会的发展速度。考古资料表明，公元前10世纪到公元前9世纪，冶铁技术在希腊的尤比亚岛和雅典已经得到广泛应用，铁被用来制作各种工具和武器。

公元前9世纪到公元前8世纪，巴尔干半岛南部的希腊地区建立了早期的城邦奴隶制国家。众多城邦建立起奴隶制民主政治，政治制度获得了充分的发展。一般来说，世界文明古国在发展的过程中，王权大多不断增强，而希腊城邦的王权却逐渐衰落，有的城邦已经废弃了君主而实行共和制，对贵族的权力进行约束，甚至推翻贵族统治，建立起公民权利发达的民主政治。这种城邦公民政治为希腊奴隶制经济和军事的快速发展提供了重要的条件。

公元前8世纪中叶是城邦真正形成的时期。此时的城邦，基础建设更加完善，通常配有城墙、塔楼等防御设施，而此前的城邦并不是真正意义的"城市国家"，只是简易的城堡或山寨。城市国家是某个部落联盟的政治和宗教中心，一般包括两个基本构成：卫城和广场。前者是神庙所在地，一般建在山丘上，也可以用来防御敌人；后者是部落成员集会的场所。选择城邦的地理环境时，往往会考虑对其有利的战略位置，比如贸易线

希腊雅典，雅典卫城遗址。

路上的关隘，或者具有防御能力的坚固城堡，这样更容易控制山脚下的小镇。

城邦的大小各有不同，比较大的城邦有雅典、斯巴达、阿尔戈斯及科林斯等。或许是受到地理环境的影响，在多山多水的条件下，大多数希腊城邦的规模都十分有限，最大的城邦斯巴达，面积也只有8000多平方千米，人口不到40万，而小的城邦面积只有十几平方千米，人口仅有几万。因此，这里没有像其他世界古代文明那样建立幅员广阔、人口众多的统一王国，而是形成了小国独立自治的状态。

在政治上，希腊城邦制度的根本特征是公民团体行使集体统治权。所有居民分为有公民权者和无公民权者。定期召开的公民大会是国家的最高权力机构,国家内政外交的大政方针均在公民大会上投票表决。此外,还有贵族议事会、公民代表议事会等各种行政和军事主管部门。

希腊城邦的军事制度受政治的影响很深。在军事上,希腊城邦实行公民兵制度,军队由全体成年男性公民组成,他们平时在家务农,一有战事就会拿起武器成为军人。公民兵既是街道上的公民,又是田野里的农夫,是真正意义上的全民皆兵。对于成年男性来说,这不仅是保卫家园的义务,也是一种荣耀,因为只有公民才能够有此特权,无公民权者是无权参军打仗的。虽然在城邦后期,随着公民数量的减少和战事的增多,一些非公民者也被允许作为雇佣兵入伍,但公民兵一直是城邦时代军队的主体。

第一届奥林匹克运动会于公元前776年举行,参赛者获得的胜利,会给胜利者带来炫耀的资本。奥林匹亚神庙里摆满了体现竞技力量、技术和勇气的纪念品,用来向诸神致敬。同时,神庙里还摆放着一些军事装备,如头盔、铠甲、盾牌和长矛等。很显然,希腊人看得出赛场威猛与战场骁勇之间的密切关系。

此时的城邦,战争非常频繁。古希腊伟大的哲学家柏拉图(公元前427—公元前347)曾对此时的战争进行过评论:"和平充其量空有其名而已,每个城邦国家都受自然规律的摆布,与其他任何一个城邦打过仗。"

不过，此时的战争也有温和的一面，有人称其为"君子之战"。从人员组成来看，参战的人都是农民或普通市民，不像职业军人那样训练有素。如果谁能凑齐一根长矛、一顶头盔和些许护甲，再加上最关键的用以保护身旁战友的盾牌，那么他就有资格参加一场战斗。至于战场，就是他们平时耕种的广阔富饶的平坦耕地。为了不让战争过于残酷，他们在战前会制定一些作战规则，战争双方甚至会签署一份协议，规定不许投掷物品，不能使用弹弓或箭矢。另外，交战的时间也是有选择的，比如要选在庄稼收割完毕的时候。那个时代的战争似乎是周期性而又充满仪式感的文明活动。对于战争的结果，双方都有愿赌服输的君子气概，既然打不过对方，就没有必要决一死战。这种态度，与几个世纪后的战争是截然不同的。根据古希腊历史学家修昔底德的说法，后来的希腊人"面对对方时会变得如同野兽一般"。

政治学家们常说"战争是政治的继续"。古风时代的希腊，很少出现东方国家的"灭国大战"，这在另一层面更好地证明了政治与战争的关系——既然通过战争很难达到自己的政治目标，那倒不如早一些放弃战争。

第一章　古希腊城邦战争与军事扩张时期

第二节
雅典的海军与重装步兵

中国历史坐标轴：

公元前 685 年，齐桓公即位。后以"尊王攘夷"为旗号，九合诸侯。

公元前 613 年，楚庄王即位。

公元前 506 年，吴国大举攻楚，攻陷楚都。

巴尔干地区的南部希腊半岛，三面临海，海上分布着爱琴海诸岛以及意大利南部诸岛，岛屿星罗棋布，良港众多，海上交通便利。这一广阔区域，构成了希腊历史上最主要的舞台，也为希腊的航海事业提供了得天独厚的发展条件。古希腊人很早就致力于发展海上交通事业，与埃及和两河文明有过很多接触。

米诺斯王朝依靠最早的海军，以克里特岛为中心，牢牢地称霸爱琴海诸岛，对位于大陆的希腊雅典城邦也构成了重大威胁。

大家熟知的特洛伊战争，是西方历史上第一次通过海洋进

土耳其，特洛伊城遗址

行大规模远征的战争。公元前12世纪初，以迈锡尼为首的希腊城邦组成联军，开动1200艘舰船，向东浩浩荡荡渡过爱琴海，远征小亚细亚的特洛伊城。

希腊城邦国家发展的过程中，对外交流不仅有和平的贸易手段，同时也有暴力的战争行为。希腊地区陆地狭小，可以耕种的土地严重不足。随着人口逐渐增多，新的居民点、城邦不断涌现，一些人开始到海外去寻找新的空间，以缓解生存压力。公元前8世纪到公元前6世纪，希腊经济迅速发展，商业贸易进一步繁荣。伴随经济的上升，希腊人开始了对外殖民活动，这是国家形成并扩张的一种主要形式，当然不可避免地需要通过武力的方式来实现。

此时，希腊的造船业非常发达，水平远远超过其他地区。

当时，其他地方的普通军舰两侧有两排桨手划水，船上有甲板和水兵生活舱，船头一般带有铜制或铁制的长长的冲角，作战时可以冲撞敌舰。而希腊已经开始建造领先于那个时代的超级战舰，也就是西方史学家所说的"三列桨战舰"。1987年，西方考古学家和一批建造工人完成了对三列桨战舰的真实还原。按照他们的说法，战舰的每一侧有三排划桨手，并且有一人指挥协同动作。一艘三列桨战舰，作战人员的标配是300人。根据史书记载，仅仅在伯罗奔尼撒战争中，雅典城就投入了800艘三列桨战舰。可见，古希腊海军的力量相当强大，实力遥遥领先。在后来的希波战争中，希腊海军也显示了巨大的威力。

公元前7世纪，平民与贵族的矛盾日益激化，社会动荡不安，希腊平民准备进行暴动，内战一触即发。公元前594年，贵族出身的梭伦当选执政官，进行社会改革。他按照财产的数量重新划分公民等级，并确定了各自相应的权利和义务。在四个等级中，前两个等级属于富有者，可以担任高级官员，但需置备较为昂贵的骑兵装备，在建造军舰等事务上也需要承担较多的份额；后两个等级为大多数普通公民，其中最后一个等级不能担任任何官职，只能在军队中充当轻装步兵或者军舰上的水手兵、桨手。战船由第一、第二等级公民出资建造，建造者同时担任舰长，大型舰船的制造则由国家出资完成。

公元前509年，在梭伦改革的基础上，执政官克里斯蒂尼

梭伦(约前640—约前558),古希腊时期雅典城邦著名的改革家、政治家。

又进行了一系列重大改革。他设立了十将军委员会,每个部落各选一人,一年一任,轮流统率雅典陆海军队。他还规定,每个部落要提供一定数量的重装骑兵和水手,并由一名将军统领。每个地区还要提供五艘配有船员和船长的舰船。

相较于陆军,希腊海军的实力比较强大,可以说是整个国家军事力量的基础。公元前5世纪以前,雅典就已经拥有一支规模不大的海军，公元前480年特米斯托克利[1]建造舰队后，海军开始进入鼎盛时代。

雅典军队的步兵分为重装步兵和轻装步兵两种。步兵虽然不如海军强大，但重装步兵也十分有名。

轻装步兵是进行远距离作战的兵种，每个战士轻装上阵，没有铠甲的防护，只携带轻型盾牌和投枪（轻盾兵），机动性强，但无法与重甲兵短兵相接。轻装步兵一般布置在重装步兵的后面和两翼，利用山地地形，从两侧投掷石块或标枪，造成敌阵混乱，阻止敌方重甲兵前进的步伐。因为敌方的重甲兵无法追上轻装步兵，所以，轻装步兵多采用运动战战术。轻装步兵的数量一般比重装步兵少，主要发挥辅助作战的功能，对于战斗起决定性作用的还是重装步兵。

重装步兵的单兵装备有长矛、短剑和护身装备，士兵手中硕大的盾牌是其最大特色。由多层牛皮与青铜构成的盾牌，重

---

[1] 特米斯托克利（Themistocles），公元前493—前492年任雅典执政官，力主扩建海军，并着手兴建比雷埃夫斯港及其联接雅典城的"长墙"，旨在抵御波斯帝国的侵略。在他的领导下，雅典变成拥有强大海军的海上强国。虽然他为雅典的强大作出了巨大的贡献，但是他在政坛上的名声并不好，为实现自己的目的往往不择手段。在萨拉米斯海战中雅典大败波斯舰队后他的个人声望和权力达到顶峰，雅典人害怕他成为军事独裁者，故通过陶片放逐法将其流放。后他辗转逃亡，终死于小亚细亚。

量相当可观,这也正是它被称为"重装步兵"的主要原因。

如果说奥林匹克运动会展现的是希腊人个体的强健和勇武,那么希腊的重装步兵则体现了群体在战争中的作用。公元前7世纪,克林斯和阿尔格斯城邦率先发明并使用了一种集进攻和防守于一体的极为有效的战术:重装步兵采取密集的方阵队形,每名士兵持有盾牌和长矛,作战时,他们将盾牌相互重叠,形成一个巨大的防护墙,不仅可以保护自己,还可以给身边的战友提供防护,体现了很强的协同行动能力。这种阵法通过精心编排,每一名步兵都是方阵的重要组成部分,而且阵法是动态的,在进攻时形成一个巨大的堡垒,小心翼翼地向前挺进,直到与敌人短兵相接,而敌方则很难破坏己方方阵的队形。

公元前6世纪上半叶,波斯凭借一支强大的军队东征西伐,在伊朗高原兴起并逐渐强大,不断对外扩张势力。波斯人西进,与希腊城邦文明遭遇,东西方文明第一次展开较量。希腊人全民皆兵,与波斯人进行了一场长达40多年的战争——希波战争。

公元前490年9月,波斯大军乘坐600艘战船,进占希腊阿提亚东北部的马拉松平原,在那里登陆扎营。此地距雅典仅40千米。当时雅典的全部兵力只有1万,包括重装步兵和少量轻装步兵。雅典统帅米泰亚德利用天时地利的优势,布阵于山麓,形成包围封合之势,把首尾失援的波斯军打得狼狈逃窜。波斯大军伤亡惨重,损失6400人,大败而逃,而雅典只阵亡192人,可谓以少胜多。负责把胜利喜讯传达给雅典城的战士叫菲利皮德斯，他竭尽全力跑回雅典，高呼"我们胜利了"，随后倒地牺牲。1896年，第一届现代奥运会设立了马拉松长跑比赛项目，以纪念这位英勇的战士。

雅典将军特米斯托克利认为，要想彻底打败波斯军队，重点是要依靠海军的力量。在他的倡导和组织下，希腊大量制造战舰，迅速建立起一支由200艘三列桨战舰组成的海军舰队。这支海军舰队在打败波斯人的战争中发挥了至关重要的作用。

公元前480年，波斯军队在国王薛西斯的率领下卷土重来。希腊31个城邦出动由十多万步兵和400艘战舰组成的联军，全力抗击侵略者。9月20日，联军的300艘战舰与波斯1000余艘战舰在萨拉米斯湾遭遇，展开了世界古代史上规模空前的海上大决战。希腊海军士气高昂，战术灵活，以40艘战舰的代价歼灭了200余艘敌舰。第二年8月，希腊联军的11万人与波斯的15万军队在普拉提亚展开陆上大战，同样取得胜利。希腊军队开始由防御转入进攻阶段。

公元前478年，雅典成为联军的领导者。在希波战争后期，同盟的性质发生蜕变，成为雅典控制联邦、建立海上霸权的工具。

公元前449年，希腊与波斯签订和约，希波战争以希腊的胜利而告终。此后，世界文明发展的格局逐渐形成东西方并立共存之势，以雅典为代表的文明为西方文明奠定了基础。

第三节
斯巴达勇士与伯罗奔尼撒战争

中国历史坐标轴：

公元前476年，战国时代开始。

公元前473年，勾践灭吴，夫差自杀。

公元前403年，周王册封晋大夫魏斯、赵籍、韩虔为诸侯，三家分晋。

公元前361年，秦孝公即位，任用商鞅实行变法。

斯巴达位于伯罗奔尼撒半岛中部的拉克斯尼亚平原，是希腊领土面积最大的城邦之一。得益于严苛的军事训练和尚武的社会风气，斯巴达士兵无论是作战意志还是战技、体能，都冠绝古希腊。

斯巴达人生性好战，通过三次美塞尼亚战争，强占了周边城邦的大批土地，建立"希洛制度"，将被征服的领土上的居民变为斯巴达的国有奴隶，称为"希洛人"。希洛制度将农业生产完全交给奴隶完成，斯巴达人则专职进行军事战争。在作战时，希洛人只可以修理武器装备，或者搬运行李。到了斯巴达历史后期，由于兵源缺乏，希洛人才被安排到前线作战。希洛制度的实施，使得整个斯巴达民族得以终身脱离社会生产而专门从事军事活动，这也造就了斯巴达军事力量的强大。

如果说雅典是实行民主政治的典范，那么斯巴达就是实行贵族寡头政治的代表。斯巴达采用的是双王制，两个国王具有同等的权力，如果发生战争，一王率兵出征，一王可以留守在

公元前 457 年，第一次伯罗奔尼撒战争期间，雅典和斯巴达之间的塔纳格拉战役。（Photo by: Universal History Archive/Universal Images Group via Getty Images）

国内，保持后方稳定。除了元老议事会，城邦还设有五名监察官组成的监察官会议，它是民意的直接代表，也是斯巴达社会的监督者，具有广泛的权力和职能，甚至可以代表民意指控国王。在战争期间，它还负责军事动员、任命国王卫队长及维持军纪等。

斯巴达的军事指挥结构在希腊城邦的各军队中是最先进的。整个军队被划分为若干个兵团，每个兵团由一名指挥官指挥，该指挥官直接对领军的国王负责。指挥官下面还有其他部门和官员，这样的结构，确保了军令信息传达的流畅。

斯巴达国家实行一套极为严格的军事制度，其重武轻文的程度在世界历史上空前绝后。根据斯巴达建国之初著名立法者莱库古的规定，斯巴达的新生儿出生后就要接受国家统一的体格检查，不合格者将被抛弃到山谷，这样可以保证存活下来的都是健康的个体。体检合格的男童在七岁前由母亲抚养，七岁以后编入儿童团，由国家统一安排训练，开始过集体生活，军事训练有击剑、跑步、拳斗和操练等项目，目的是培养坚毅勇敢的合格军人。斯巴达男性从二十岁起就要开始正式的军营生活，直到六十岁退役。

斯巴达的军事发展是畸形的，国家经济和社会生活都具有单一性特点，整个国家就像一个大军营，与作战无关的精神和文化生活被排斥，社会生活完全军事化，与雅典形成了鲜明对比。

第一章　古希腊城邦战争与军事扩张时期

斯巴达人作战主要依靠步兵，尤其是重装步兵。单兵服装是鲜红色（据说是为了掩盖血迹）的宽大衣衫，外罩皮革甲胄，头顶羽饰头盔。盾牌、矛和短剑是他们的标配。

斯巴达轻视商业贸易，航海业很不发达，没有像样的海军，骑兵也比较少。据说斯巴达人是最早发展作战方阵的民族，其方阵比雅典方阵更具有冲击力。作战时，重装步兵的矛兵按方阵组成密集阵列，纵深为八列横队，各横列之间的距离，行进时为两米，进攻时为一米，打击退敌时为半米。作为一个整体，方阵就像一堵带矛的墙一样压向敌人，让人不寒而栗。

斯巴达具有后来得到传承的欧洲骑士精神，如果他们确定已经获得了战斗的胜利，就会停止追击逃跑的敌人，他们认为杀死逃亡者是有失胜者尊严的。

斯巴达的军事力量在希波战争中的温泉关战役得到了充分的展现。公元前480年，波斯人第三次大军压境，双方在温泉关形成对峙。斯巴达国王列奥尼达担任希腊盟邦陆军总指挥，亲自负责扼守温泉关这一战略要冲。在他的率领下，希腊守军血战两日坚守关隘。波斯军队绕到守军侧后，迫使列奥尼达命令大部分军队撤离，以保存有生力量，阵地上只剩下300名斯巴达军人和1000余名志愿者浴血奋战。

斯巴达人出城野战并假装败退，诱敌深入，波斯人以为斯巴达人已经被击败，开始发动冲锋。波斯人处于追击状态下，队列相当混乱,冲进温泉关后,狭窄的地形让他们无法展开阵势,前后军队不能相互配合。而斯巴达人依托城墙重整队列,猛烈地进行反击,波斯军一次次被打退。

法国古典主义画家雅克·路易·大卫(Jacques-Louis David)在1814年的油画作品《列奥尼达在温泉关》中描写列奥尼达率领三百壮士在温泉关浴血奋战的场景。

第一章　古希腊城邦战争与军事扩张时期

不过，斯巴达人最终还是寡不敌众，国王和300名勇士几乎全部战死，波斯人也付出了惨重的代价。从战略上看，这场守卫战保存了希腊盟邦联军的主力，使希腊舰队能够顺利驶往萨拉米岛海域，为后方备战赢得了宝贵的时间，也为后来萨拉米战役的胜利创造了良好的条件。

温泉关战役写下了古代战争史上最悲壮的一幕。后来，西方电影界曾以此战役为蓝本，多次拍摄故事片。鲁迅先生在《斯巴达之魂》一文中也称赞说："巍巍乎温泉门之峡，地球不灭，则终存此斯巴达武士之魂。"

雅典和斯巴达在政治、经济、文化以及生活方式方面都存在很大的差异。斯巴达人崇尚武力，对于知识始终抱持鄙薄的态度。在他们看来，除了简单的读写计算，其他诸如天文地理等知识毫无用处。斯巴达人如果在外邦学了修辞学，回国后就要受到嘲讽。雅典则崇尚文化和思想，两者在意识形态上形成对立。于是，在希波战争后，以他们为中心形成的两个盟邦——雅典领导的提洛同盟和以斯巴达为首的伯罗奔尼撒同盟——裂痕日益加深，矛盾越来越表面化，甚至发生武装冲突，以至逐渐演变成一场城邦争霸战。

战争初期，雅典利用海上优势，实行"陆上防御，海上进攻"的策略，把雅典城外的居民转移到城中，修筑城墙，打算集中力量，与斯巴达在海上决一死战。雅典海军也在伯罗奔尼撒半

岛沿岸采取封锁、出击的战术。

公元前430年夏天,一场瘟疫从非洲的埃塞俄比亚传至埃及,又从海上蔓延至雅典,席卷整个城市,大约四分之一的人死于这场瘟疫。雅典士气低落,城市笼罩在绝望的氛围当中。此后,雅典和斯巴达在战争中互有胜负,战争进入胶着状态。

公元前429年,斯巴达国王阿基达马斯率伯罗奔尼撒同盟军,向雅典盟邦普拉提亚进军。斯巴达主帅命令士兵在靠近城墙的地方造一土山,与城相接,利用他们的攻城机械——破城锤(撞墙车)来进攻城池。但普拉提亚人利用套索和吊梁破坏了敌人的破城锤,斯巴达未能攻下城池。随后,斯巴达人又利用火攻,想烧毁普拉提亚,一场大雨又挽救了城邦。不过最终,普拉提亚经受不住长期围困,还是在公元前427年投降。

公元前425年7月,斯巴达人采用将领拉西伯达的建议,进攻雅典城,这样一方面可以把雅典军队引出伯罗奔尼撒半岛,免除其威胁;另一方面可以鼓动那里的雅典同盟国背叛雅典,破坏对方的物力和人力支援。公元前422年,斯巴达与克里昂亲率的雅典军队在安菲波里斯展开激战。雅典军事失利,主和派抬头并逐渐占据优势。公元前421年,雅典主动与斯巴达议和,至此,伯罗奔尼撒战争暂告一段落。

伯罗奔尼撒盟邦的科林斯和麦加拉是斯巴达重要的后勤补给基地。公元前415年5月,雅典派出了136艘舰船和3万余名士兵组成的大军远征西西里,打算截断斯巴达的粮草供应。然而,在军队刚刚到达的时候,主帅亚西比德受到控告并回国受审,回国途中,他叛逃斯巴达。公元前414年,斯巴达人很快派兵增援西西里,占据埃皮波拉伊高地,雅典人的壁垒包围未能奏效。叙拉古人[1]加强水域大港的防御,在船坞近海处钉下大量木桩,他们的船可以停泊在障碍物里面,而雅典的舰船船体庞大,无法进入。这些木桩如同暗礁,对舰船航行的威胁很大,因此,雅典虽有强大的海军,但在这场战争中没能充分发挥作用。

此次远征,雅典在斯巴达和叙拉古的共同打击下遭到惨败,7000多人被俘沦为奴隶。雅典海军元气大伤,一蹶不振。西西里之战是整个伯罗奔尼撒战争的转折点。

雅典采取民主制,同盟结构松散,许多盟国纷纷借机独立,雅典出现了内外交困的局面。而斯巴达联合波斯人组建了一支大规模的海军舰队,并于公元前405年在赫勒斯滂海峡(今达达尼尔海峡)的羊河河口之役中全歼雅典海军。公元前404年,雅典被迫投降,除保留12艘巡逻舰之外,交出了全部残余舰船。

---

[1] 叙拉古位于西西里岛,当时是非常繁华的港口,经济十分发达,是连接东西地中海的重要海上枢纽。城邦国土很小,军事力量非常薄弱,历来是强权国家争夺的战略要地。

长达 27 年的伯罗奔尼撒战争最终以雅典失败宣告结束。

斯巴达内部虽然也存在各种矛盾,但与雅典相比,政局要稳定得多,这为斯巴达军事发展带来了极大帮助,使得军力本身就十分强大的斯巴达军心稳定,斗志昂扬,加之正确的战略战术,最终获得胜利。但战争结束以后,各城邦间的混战愈演愈烈,希腊各城邦的生命力已近枯竭,城邦本身的危机为马其顿的征服准备了条件。

第四节
亚历山大东征与马其顿战法

中国历史坐标轴：

公元前341年，马陵之战，孙膑大胜庞涓，魏国失去东方霸主地位。

公元前325年，赵武灵王继位，实行胡服骑射。

公元前310年，秦楚之战，楚国大败。

马其顿位于希腊北部。公元前6世纪前后，马其顿形成统一国家。在希波战争中，马其顿被波斯征服。公元前4世纪，国王腓力二世（Philip II of Macedon, 前382—前336）在其统治时期进行了一系列改革。为了提高军队的战斗力，他们在底比斯方阵的基础上，创制了更为密集和高效的马其顿方阵。此后，马其顿逐渐强大起来，成为军事强国，并开始加快对外扩张的步伐。

他们扩张的目标首先瞄准了南部陷入混战、危机重重的希腊城邦。公元前338年，马其顿和以雅典为首的联军在中希腊的喀罗尼亚展开决战，依靠"马其顿士兵长久训练出来的体力和腓力二世与亚历山大的个人能力",最终取得完胜。第二年,希腊各邦承认了马其顿的霸主地位。公元前336年,腓力二世遇刺身亡,他的儿子,年仅20岁的亚历山大(Alexander the Great,前356—前323)继位。

亚历山大自幼接受希腊文化教育,从13岁起,著名哲学家亚里士多德就开始担任他的家庭教师。据说在每次战役中,他都随身携带亚里士多德注解的荷马著作。亚历山大从小志向远大,而且十分博学,是一名勇敢追求功名的武士。身为王位继承人,他很早就开始领导马其顿军队中最精英的骑兵部队。

马其顿国王与稳坐朝堂的东方君主不一样,他们自身就是直接领导士兵的军事首领。亚历山大的军队作战勇敢,他本人更是身先士卒,以荷马史诗英雄阿喀琉斯为楷模(史学家常将阿喀琉斯描述为荷马史诗中单打独斗的英雄),总是出现在战斗最激烈的地方。

所有战斗兵种和勤务部队都由亚历山大亲自指挥,同时,他还有一个很好的参谋团队,包括秘书长、记录员、测量人员、战史家,还有许多专家和科学研究人员,这些人可以给他提供各方面的帮助。就整体而言,这种军事组织可以称得上史无前例。

亚历山大平定了西南各地的起义之后,亲自率领军队开始了一场史无前例的东征。

公元前334年,亚历山大率领一支由3万步兵和5000骑兵组成的大军,向波斯帝国挺进,双方在小亚细亚的格拉尼库斯河畔遭遇,波斯军队大败。

第二年,马其顿在叙利亚与波斯王大流士三世(Darius III,约前380—前330)亲率的10万大军展开大会战,再次获得全胜。后来,他率军攻占了腓尼基和巴勒斯坦,随后进入埃及。在那里,亚历山大亲自选取了一个城市,以他名字命名,这个城市就是现在埃及的亚历山大港。此时,东地中海的所有重要城市和舰队基地,包括塞浦路斯,全部都落入亚历山大的掌控之中。亚历山大对于东地中海的完全控制,使马其顿成为当时世界上最强大的海权国家。

公元前331年,亚历山大又率军队进入两河流域北部。9月20日,亚历山大渡过底格里斯河,在河东岸休整。波斯王大流士三世携百万雄师,在高加米拉准备迎战。亚历山大灵活地运用阵法,获得全胜。次年,亚历山大占领波斯首都波斯波利斯,具有200多年历史的波斯帝国灭亡。大流士三世死后,亚历山大的政治目的已经达到,依靠武力征服,他成为万王之王。

接管了波斯帝国的领土之后,亚历山大率军继续东进,公元前329年转战中亚一带。公元前327年,大军进入印度河上游。由于远离家乡,亚历山大继续向东的计划遭到了普遍反对,只能就此回师。公元前324年,军队返回巴比伦,历时10年的东征宣告结束。

　　马其顿是一个依靠军事武力建立起来的帝国,亚历山大并没有对所征服的地区进行全面改造,那些地方的军事、财政和民政处于三权分离的状态,因此,在他突然离世之后,帝国的中央权力迅速解体,军事将领们为争夺势力范围开始陷入混战。

　　亚历山大之所以所向披靡,是因为马其顿战法发挥了重要作用。早期的马其顿重装步兵受到希腊重装步兵的影响,每个单兵身负胸甲、头盔、胫甲,并以希腊式盾牌保护脆弱的躯干。这种重装步兵组成的方阵,虽然具有较强的防护能力,但装备价格昂贵,而且沉重的装备使得步兵行动缓慢迟滞,在战场上很难与其他部队快速配合而达成战术目的。

　　在上古冷兵器时代,运用机动的阵法战术是取得战争胜利的关键因素。亚历山大的父亲腓力二世对此有着自己的思考和认识。他认为,战场格斗只是达到取胜的手段之一,最终目的应该是追击并歼灭敌人。所以,腓力二世在进行军事改革时,首先着手建立的,就是一支新的马其顿重装部队。

　　改造之后的马其顿重装方阵兵团,标准装备是双手握持的加长型长矛(sarissa)及较轻便的小型圆盾。在作战的时候,士兵会将长矛对准正面的敌人,形成一面矛墙,以阻止正面的敌人,使其不能靠近。在战斗时,马其顿军队会以斜面面对敌人,像楔子一样打入敌军,而敌军以正面迎敌,局部会出现弱势。马其顿部队的右翼突出在前,形成进攻姿势,左翼部队在后,形成防御姿势。战斗开始,轻装步兵会先进行远距离投射打击,进入肉搏战后,则由右翼率先发动进攻,左翼用来防御。

马其顿战法注重把各种战斗人员组合成战术工具,步兵和骑兵协同作战,让战斗团具有整合性及弹性,以应付不同的战局。骑兵被分成团,每个团有1500—1800人,然后再细分为营连等单位。在配置上,采用介于轻重装步兵之间的步兵代替以往的重装步兵。整个部队由重装步兵、轻盾兵、投射步兵、重骑兵和轻骑兵联合组成。其基本战术是:以重装兵团牵制敌军,长枪兵承担正面迎敌的任务,骑兵则以高度机动性的移位,从左右或后侧对敌进行打击。这种战术构想和只与敌人进行正面交锋的传统希腊重装方阵兵团的战术有了重大区别。

伙伴骑兵(Hetairoi)兴起于公元前4世纪之前,其最重要的武器是一种被称为旭斯通(Xyston)的长枪,它的长度约为3.5米,在疾驰的骑兵手中有着无与伦比的巨大杀伤力。腓力二世时期,伙伴骑兵的数量只有800人,随着亚历山大的军事扩张,总编制膨胀到1800人。当时的战争延续着从希腊时代流传下来的习惯:作战时精锐部队部署在右侧,双方作战时,往往要看哪一方能够率先击破敌人的弱势翼。因此,伙伴骑兵一般被部署于右翼。

除此之外,马其顿还有一种侦察骑兵。一支多兵种配合作战的部队,各兵种之间想要配合默契,需要极快的反应速度,因此，马其顿军队中配置了专门负责侦察、袭扰和探路的前哨侦察骑兵部队。

在战斗时，马其顿军队会排列成斜形前进，据说这是亚历山大对单兵作战进行细致研究的结果。自古以来，军人都是左手持盾，右手使用进攻武器，这样，肉搏时自然而然会出现逆时针旋转。对于整个部队来说，右翼比较强大，容易形成突破。

阵法运用最为出色的实例就是马其顿和波斯的对决，即著名的高加米拉之战。亚历山大的总兵力有4.7万人，而大流士

公元前331年，亚历山大大帝与波斯国王大流士在高加米拉会战，亚历山大大帝以少胜多，击溃波斯军队。

三世的军队总兵力在几十万左右。据记载，大战开始时，波斯大军左翼前方部署了100辆镰刀战车，右翼前方部署50辆镰刀战车。镰刀战车因车轴两端配备长约一米的巨型镰刀而得名，它可以摧毁敌方步兵的密集队形，也可以给敌军带来严重的生理和心理创伤。

两军按照各自阵形逐渐接近时，亚历山大忽然指挥部队向右移动，目的是将军队移动到地形不平的地区。波斯军队擅长平原作战，在地形复杂的地方，其骑兵与战车难以发挥作用。波斯两翼的骑兵快速前进，向马其顿两翼发起进攻。亚历山大立刻派骑兵支援右翼，双方展开了激烈的骑兵战，最后以马其顿胜利告终。在左翼，波斯人成功压制住了马其顿骑兵，并迫使其后退。大流士三世派出他的战车参战，亚历山大把右翼士兵调去对付波斯战车，随后，又派出一支骑兵进行反击，成功突破波斯大军的前锋。他将骑兵与方阵布置成锥形，向这个突破口发起进攻。转瞬之间，马其顿人杀到大流士三世军中，波斯人阵法大乱，溃不成军。

可以看出，亚历山大在战法上有了两个新的突破：一是对称观念的突破。布阵时，除非有足够的信心认为自己的军队可以在单兵素质和数量上强于敌军，否则就要以不对称力量与敌接触，形成局部优势；二是根据战场形势，利用后备骑兵快速灵活的特点，援助或重点打击敌方的弱势部分，以求突破。

烽火逐鹿——巴尔干军事史话

第二章
罗马共和国与帝国时期

第一节 希腊化时代的烽火与罗马入主巴尔干

第二节 罗马鼎盛时期的军团与军事皇帝图拉真

第三节 撼动帝国根基的北方蛮族

第四节 "罗马火"吓退不了蛮族

第一节
希腊化时代的烽火与罗马入主巴尔干

中国历史坐标轴:

公元前270年,秦昭襄王采纳范雎"远交近攻"的建议。

公元前260年,长平之战,秦国白起打败赵国"纸上谈兵"的赵括。

公元前249年,秦吞并东周,周灭。

公元前221年,秦国统一华夏,战国时代结束。

亚历山大是历史上罕见的杰出的军事统帅。他去世之后[1],他的部将们却因为继承人问题展开了一场争夺战。这一时期因王室野心、领土纠纷、蛮族入侵、海盗猖獗以及罗马扩张等问题而导致群雄逐鹿、战火频仍,酷似中国东汉末年的三国时期。

战乱的主要起因,是为了争夺亚历山大继承人的位置并证

---

[1] 公元前323年6月,亚历山大大帝突因发热而病倒(一般认为是恶性疟疾,现代的研究也有中毒一说)。6月13日,亚历山大溘然长逝,时年仅33岁。

明其合法性。继承者之间的战争会因很小的问题随时爆发,特别是开始的几年,亚历山大的合法继承人仍在世,于是,主要竞争者便将他们的重点投注在军事力量方面,达成目标的手段就是和希腊城市结盟,争夺并掌控能够纳贡、征召佣兵基地的行省。卡山德(Cassander,约前354—前297,从幼年起就与亚历山大一起在希腊哲学家亚里士多德门下学习)将他的势力根据地建在马其顿和色萨利的主要地区,同时掌控着包括雅典在内的一系列重要城市,在那里驻防军队,支持寡头政权和专制统治者。

军事将领为争夺势力范围陷入混战的状况持续了二十多年,各种势力此消彼长,主要人物大多因谋杀身亡,或遭官员背叛,或为同盟所弑,以至于有人说,战死沙场的人是最幸运的。

公元前301年,帝国大致被分裂为三个主要王国。托勒密埃及王国继承了原来马其顿的军事民主君主制,并融合古老的法老专制统治,建立了以国王为首的中央集权制国家,定都亚历山大里亚,取代雅典,成为地中海最大的文化中心。国王掌握着国家的政治、军事、财政甚至宗教大权。军队屯驻各个地区,行政首长由希腊—马其顿人担任。

塞琉古王国的中心地区是叙利亚,试图通过希腊—马其顿人移民,实现对各地的控制。新建的城市由国王划给土地,军事殖民地的军人领取份地。

希腊化国家聚合起来的军队属于雇佣兵性质，蛮族大批涌入军队，与马其顿—希腊军队相互影响，相互同化。最明显的变化，就是军队的素质今非昔比，亚历山大征服世界的那种浪漫主义英雄情怀和理想光环逐渐褪去，打仗成为毫无意义的攻杀，军人成为纯粹的工具。在另一方面，雇佣兵具有了最初的职业军人素质。

巴尔干地区基本上属于马其顿王国控制下的希腊。安提柯（Antigonus I, 前382—前301）原为亚历山大大帝麾下的主要将领，他是希腊化时期最伟大的统帅之一，也是争夺希腊化世界主导权的继业者战争的重要参与者。

公元前306年，安提柯一世自立为马其顿国王，率军进入小亚细亚，企图统一亚历山大帝国。公元前301年，卡山德的盟友塞琉古和利西马科斯（亚历山大的部将，以勇武著称，继业者战争[1]中的色雷斯之王）率8万联军，与安提柯及其儿子德米特里率领的马其顿军队在伊普苏斯（Ipsus）进行会战。安提柯

---

[1] 继业者战争是亚历山大大帝去世后，其帝国陷入群雄割据的局面，公元前323年至公元前281年间，各势力为争夺权力而展开的战争。最终，马其顿分裂为三大继业者王国——马其顿王国、塞琉古王朝和埃及托勒密王朝，标志着希腊化时代的开始。各继业者模仿亚历山大的做法，以手中的马其顿军队为统治核心力量，以希腊文化构建统治秩序，同时兼采所统治地方的一切旧有上层建筑，努力使希腊文化融入当地文化传统。

阵营的部队有大约7万名步兵、1万名骑兵和70多头缴获的印度战象。反安提柯同盟的联军总兵力为4万名重步兵、2万名轻步兵、1.2万名波斯骑兵、5000名重骑兵以及400多头战象。

战斗开始后，塞琉古命部分左翼骑兵迂回，成功驱逐了对方的侧翼轻装步兵，随后命令右翼轻步兵从本方战线后部横贯战场，迅速穿过由象队构成的突击通道，穿插到安提柯军空虚的右翼。由于安提柯的重步兵忙于应付正面的强敌，根本无力阻止快速突袭，因此，整个战线如多米诺骨牌一般崩溃，安提柯本人也被标枪击中身亡。

这场战争，双方兵力相当，可以看出，在希腊化时代，作战行动体现为不同兵种模块化的参与，在阵法的运用上更加灵活。而战场形势瞬息万变，稍有不慎就会惨败。

此时，罗马已经崛起，希腊经常遭到罗马人袭击。很多人都听说过希腊物理学家阿基米德利用镜子将光柱投射到敌船上燃烧退敌的故事，虽然这个传说的真实性难以考证，但是阿基米德发现并利用了杠杆原理，的确发明了不少军用器械。例如，被称为"阿基米德之爪"的城防机械，其主要功能是从城头下放铁钩，钩住罗马兵船的船头，然后把敌船拉起来，使之倾倒；还有一种远程和短程投射机械，能把200多公斤的石块投射到1000多米远，打在敌方战舰上，造成舰船沉没。

罗马征服意大利后向海外扩张。公元前282年，罗马舰队与意大利南部的希腊殖民城邦发生冲突。希腊的伊庇鲁斯国王皮洛士（King Pyrrhus）是一个野心勃勃的政治家，一心想建立一个像亚历山大东方帝国一样的西方帝国。公元前280年春，皮洛士率领2.5万名士兵和20头战象，两次击败罗马军队，不过，他自己也付出了惨重的代价。古代所有的军事行动，准确的伤亡数字都是很难考证的。根据古代文献记载，罗马军队的阵亡人数在7000人到1.5万人之间，皮洛士方面的阵亡人数在4000人到1.3万人之间。不过，他损失的是最精锐的部队，而且，他还失去了许多最信任的朋友和军官，因此，后人把这种得不偿失的战争称作"皮洛士式的胜利"。

公元前3世纪到前2世纪，罗马为了扩大自己的势力，运用外交手段和军事力量，开始向地中海东部地区拓展，此间曾发生过三次马其顿战争。

罗马与马其顿的纠葛最初发生在公元前214年的第二次布

匿战争[1]期间。当时，马其顿为抗衡罗马，与迦太基统帅汉尼拔结为联盟，本来战事有可能朝着有利于汉尼拔的方向发展，但是罗马人抓住了前去谈判的使者，使联盟落空。双方没有直接交战，而且签订了和约，因为罗马想把全部精力放在与汉尼拔的战争上。

这次战争后不久，希腊帝国分裂并出现纷争，罗马趁机联合一些希腊城邦组成反马其顿联盟，派兵在阿波罗西亚登陆，并展开军事行动。公元前200年，第二次马其顿战争爆发。公元前197年，罗马军队和马其顿国王腓力五世在色萨利的库诺斯克法莱（Cynoscephalae，意为"狗头山"）进行决战，罗马军团打败马其顿方阵，取得了第二次马其顿战争决定性的胜利。

第二次马其顿战争进行之时，叙利亚国王趁机掠取马其顿

---

[1] 布匿战争（Punic Wars），是古罗马与迦太基之间为争夺地中海西部统治权而进行的三次大战的总称。其中，第二次布匿战争（前218年—前201年）最为著名。迦太基主帅汉尼拔（Hannibal Barca）率6万大军穿过阿尔卑斯山，入侵罗马，罗马则出兵马赛切断汉尼拔的补给。此时迦太基国内矛盾激发，汉尼拔回军驰援，罗马乘机进攻迦太基本土。迦太基战败，丧失全部海外领地，交出舰船，并向罗马赔款。布匿战争的结果是迦太基领土成为罗马的一个行省——阿非利加行省，迦太基城也被夷为平地，罗马争得了地中海西部的霸权，对罗马帝国的崛起产生了重要影响。同时，布匿战争中的军事策略和战术也为后世的军事思想提供了宝贵的借鉴。

和色雷斯地区，威胁到罗马在希腊建立起的霸权。此时，汉尼拔逃到东方，也在策划夹击罗马，从而加剧矛盾，引发罗马与叙利亚之间的战争。战争期间，腓力五世及继位的儿子珀尔修斯积极寻求反罗马同盟。罗马担心马其顿复兴，于公元前171年发动了第三次马其顿战争。

双方在彼得那（Pydna）战事再起。起初，罗马军队无法抵挡带有长矛的马其顿方阵的骇人进攻，但罗马军团撤退到不平坦的山坡地时，马其顿方阵便成了一盘散沙，罗马军队前行进入防线缺口，从马其顿暴露的侧翼进行攻击。马其顿人的短剑在与罗马军团的长佩剑和沉重的盾牌对抗时处于极大劣势。最终，"马其顿征服者"卢西乌斯·保卢斯率领罗马军团成功击溃了马其顿方阵，由此消灭了安提柯王朝。公元前168年6月22日，战争在希腊东北部海岸结束。公元前147年，马其顿成为罗马的一个行省。

罗马在所征服的地区建立行省进行统治，设置总督进行治理，为期一年。"行省"（provincia）是指罗马在意大利以外的征服地派遣总督治理的行政区域，由元老院分派给具备军事指挥权的官员（行政官与法务官），使其得以行使指挥权。总督拥有该行省的军事、民政和司法权，另配有一位或多位副将，可代理行使总督的部分职权。

罗马的军队通过对外战争实践和多次军事改革，已发展为

第二章　罗马共和国与帝国时期

高效的战斗组织，可以成熟地运用战斗阵形。罗马军队的基本战术单位是军团，其中多数为重装步兵，少数为轻装步兵。罗马军队由执政官担任最高司令官，两个执政官同在军中时，则逐日轮流指挥军队。军团的指挥官有六位军事保民官，由公民大会选出，或由执政官任命。军事保民官之下有百人队长。

马库斯·福利乌斯·卡米卢斯（Marcus Furius Camillus）是一位卓有战绩的将军。担任独裁官期间，他曾模仿高卢人的战术，将罗马军团的阵形改为较为机动的形式，从过去军团大长方形的突击战术，改为小正方形的中队突击战术。他还根据士兵受训练的程度以及年龄配置战斗序列，发明并实行了三列式军团模式。

重装步兵的三列式军团，根据年龄、经验和训练程度将枪兵、主力兵和后备兵排成三列队阵势：第一列是青年兵，配备标枪、短矛、短剑和一面长盾；第二列为壮年兵，一般配有一支长长的哈斯特刺矛和一柄短剑，装备头盔和胸甲，更富裕一些的公民则会另外配备一对胫甲；第三列为后备兵，他们都是经验丰富的老兵。每列含十个连队，前两列连队各有120人，后备兵连队仅有60人。交战时，各列连队之间保持一定间隔，以便前列退却或后列插进，组成密集战斗阵形。三列队阵势优于密集方阵，阵线比较稳固，又比较灵活机动，适宜任何地形作战，所以，这种作战模式一直沿用到共和后期。

从战术上来看，三列式军团模式的进攻方式从以前的以蛮力压制改为因地制宜、随时变化，因此更具灵活性。面对希腊方阵那种臃肿的队列时，它能够迅速分割敌方阵营。罗马军队在武器及装备方面也进行了很大的改良。长枪与短兵器相比，可以利用闪转腾挪获取距离优势，但两军对垒时，往往根本没有这样的回旋空间，所以，罗马人选择短剑作为阵战的主要兵器。

第二节
罗马鼎盛时期的军团与军事皇帝图拉真

中国历史坐标轴：

公元前202年，刘邦在楚汉战争中击败项羽，建立西汉王朝。

公元前141年，汉武帝刘彻即位。

公元前119年，卫青、霍去病击败匈奴。

公元9年，王莽篡汉建立新朝，西汉灭亡。

公元73年，班超出使西域。

罗马通过武力对外征战，疆域不断扩大，对于士兵的需求量也越来越大，这就与罗马严格的公民兵原则出现了矛盾，原有的制度已经严重影响了国家兵员的补充。公元前107年，盖乌斯·马略（Gaius Marius）当选执政官，实行了一系列军事改革。

改革废除了以前的征兵制，代之以募兵制，并且规定任何公民都可以自愿参军。马略改革取消了财产限制，开创了无产者可以从军服役的先例，普通士兵可以从国家那里取得薪饷，武器装备也由国家提供。

马略改革的另一项重要内容是改革军团组织,在军团中推行连队制。连队是可以独立执行战术任务、进行军事活动的单位。所有重装步兵统一配备投枪和短剑,重装步兵内部的差别逐渐消失。

马略的军事改革起到了广开兵员、提高战斗力的作用,在罗马历史上具有重要地位。这一改革,彻底改变了数个世纪以来兵农一体的局面,使军队逐渐成为脱离社会的特殊集团。此后,军队作为一支独立力量,在国家事务中发挥的作用越来越大,地位也越来越重要。当然,这也吸引了一些谋求生路、以发财致富为主要目的的从军群体,他们心中只有将军,没有国家,这也为日后的军事独裁埋下了伏笔。

此后,罗马先后出现了苏拉、"前三头同盟"(庞培、凯撒和克拉苏)及"后三头同盟"(屋大维、安东尼和雷必达)等军事强人。公元前 40 年,"后三头同盟"对势力范围进行了划分,安东尼统治东方行省,屋大维(Gaius Octavius)统治西方行省,雷必达统治北非。

公元前 36 年,屋大维已经完全控制了罗马的西部地区,与东部地中海的安东尼形成对峙之势。公元前 31 年,两军在巴尔干西海岸的亚克兴海角决战,屋大维利用机动轻巧的战船,采用火攻的方式打败了安东尼,成为最后的胜利者。他首创了元首制,罗马各种机构的实权完全掌握在他手中。公元前 27 年 1

月 16 日，元老院授予他"奥古斯都"的尊号，他也拥有了罗马和意大利的最高行政和军事管理权。

罗马军团以高效的适应性及机动性征服了地中海沿岸地区，军团的数量在公元 1 世纪已经发展到近 30 个，其中驻防在巴尔干地区的有 5 个，分布在 6 个地方，基本上都部署在巴尔干地区北部，用以防御北方蛮族的入侵。

第一意大利军团驻防纳尔维（Legio I Italica, Navae），第四幸运者弗拉维乌斯军团驻防布尔努姆（Legio IV Flavia Felix, Burnum），第五马其顿军团驻防伊斯库斯（Legio V Macedonica, Oescus），第五云雀军团驻防多瑙河（Legio V Alaudae on or near the Danube），第七克劳狄乌斯军团驻防维米尼亚库姆（Legio VII Claudia, Viminiacum），第十三双子军团驻防波图伊（Legio XIII Gemina, Poetovio）。这些装备精良而且高度职业化的驻军驻扎在边境，有效地保护了罗马的边境安全。

帝国中后期，蛮族入侵的势头愈演愈烈，军团的步兵大队被越来越多地抽调，进行独立行动。分散的军事行动对骑兵也有着巨大需求，于是，军团下属的各骑兵支队也逐渐成为独立部队。这一趋势在公元 4 世纪帝国军队重新正规化的过程中有所缓解，但骑兵支队最终还是成为与军团步兵并列的独立单位。公元 1 世纪，许多善战的外族军人被大规模雇佣，由他们自己的酋长指挥，作为辅助部队作战。公元 2 世纪中期，这些成建制的外族辅助部队的地位更加正规化，变得和罗马军队的独立单位一样。罗马军团蛮族化的趋势愈演愈烈，使得军队的组织状况变得更加混乱。

公元前1世纪中叶，达契亚人生活在多瑙河下游的环形地带（大致位于今罗马尼亚中北部和西部），他们的领袖布雷比斯塔（Burebistas）统一了各部落，征服了南方和西方的凯尔特与伊利里亚部落，对罗马的马其顿行省构成了威胁。公元85年，在德塞巴鲁斯（Decebalus）的领导下，达契亚人入侵罗马。88年，上默西亚的新任总督特提乌斯·尤利安努斯（Tettius Julianus）在塔帕伊（Tapae，今罗马尼亚的泽坎尼）击败了达契亚人。罗马皇帝图密善和德塞巴鲁斯达成了一项协议，试图使双方的关系正常化。根据协议，德塞巴鲁斯成为名义上的藩属王，保卫多瑙河下游。

98年，图密善死后，好战的图拉真（Traianus，53—117）继位皇帝。在位期间，他频繁发动对外战争，将罗马帝国的疆域扩张到历史上最大范围。为了适应对外战争的需要，他把罗马军团的数量增加到30个，而且扩大了每个军团的规模，与正规部队协同作战的辅助人员则由各种各样的地方部队补充。

图拉真生性喜欢打仗，并且愿意与士兵同甘共苦，因此受到军队官兵的拥戴。他继位后，并没有立即回罗马接受帝王权力，而是继续在莱茵河和多瑙河地区巡视，策划巩固边防以及与达契亚开战的工作。101年,图拉真率领军队,对德塞巴鲁斯的领土发起了进攻。

挥舞弯刀的达契亚战士给图拉真的士兵带来了严峻的挑战。达契亚人的弯刀有两种样式:一种是单手使用的短刀,刀身长约40厘米,固定在约55厘米长的刀柄上;另一种是攻击性更强的双手巨镰,刀身长约90厘米,刀柄的长度也与之接近。巨镰的锋刃能够刺穿头盔,将盾牌劈成两半,并且能够穿透盔甲,

这是一幅罗马士兵行军图,取自图拉真记功柱上的浮雕,描绘的是罗马军团士兵用木棒扛着自己的装备,跟随擎徽手跨越一座用船只架设的浮桥。

可对敌方造成致命的伤害。

图拉真对防护装备进行了特殊改造,加固了头盔,让士兵穿上新式锁子甲和鳞甲。经过精心准备,101年,图拉真集中了包括民夫辅兵的20万大军,兵分两路,驾船强渡多瑙河,在塔帕伊附近与达契亚人进行了一场激烈战斗,打败了德塞巴鲁斯。图拉真率西路大军,一路披荆斩棘,穿越原始森林,直扑达契亚都城萨尔米泽杰图萨(今罗马尼亚胡内多阿拉县境内)。次年,图拉真率领大军正面进攻,同时派兵从侧翼迂回,分散敌人兵力。德塞巴鲁斯被迫无条件投降,接受和约,再次成为罗马的藩属王。罗马在德塞巴鲁斯的领土上保留了驻军。图拉真回到罗马,举行了凯旋仪式和角斗表演,元老院授予他"达契亚征服者"(Dacicus)的称号。

105年,德塞巴鲁斯囤积武器,庇护逃兵,修复堡垒,派使节前往邻国,进攻先前与他有仇隙的部族,吞并了雅济吉斯人(Iazyges)的部分领土。元老院宣布他为罗马的敌人,图拉真调动12个军团与达契亚人作战,双方在萨尔米泽杰图萨展开血战。106年初夏,图拉真的军队占领萨尔米泽杰图萨,德塞巴鲁斯被俘,达契亚成为罗马在多瑙河以北的第一个行省。

图拉真在多瑙河北岸建立起众多的罗马人聚居点,这些聚居地的后裔称自己为罗马尼亚人,称他们的国家为罗马尼亚,这些称谓都是由"罗马"一词衍生而来的。在罗马,至今仍然耸立着一座图拉真征讨达契亚战役的纪念碑——图拉真纪功柱（Trajan's Column）。纪功柱于113年5月2日建成，底座四周的浮雕描绘了蛮族的军事装备，上面还有将这座纪念碑献给元老院和罗马人民的铭文。浮雕描绘了达契亚战争中的155个不同场景，出现的人物有2600个，表现了图拉真运筹帷幄、指挥若定、连战连捷的英姿，达契亚人则被刻画成传统的蛮族形象。浮雕故事在圆柱顶端达到高潮：德塞巴鲁斯自杀，达契亚首领遭到追捕，被大规模流放。

随后，图拉真又把扩张的目标指向亚洲，与帕提亚交兵。他将新占领的地区并入罗马，在这里设置了美索不达米亚行省和亚述行省。

意大利罗马，图拉真广场。

武器装备是作战胜利的根本保证之一,罗马统帅们非常重视对武器装备的维护和更新。为了战胜高卢人,卡米卢斯在军队中普及铁盔;为了更好地发挥重标枪的杀伤功能,马略亲自指导,对武器进行改造,将两个销钉中的一个替换成木钉,因此,标枪在插入盾牌或人体时容易断裂,可以避免对方将标枪掷回。罗马人对武器的重视在考古中亦得到了印证,他们不但通过淬火提高钢质武器和锁甲的强度,还广泛应用冷锻法来加强青铜、低碳钢制品的硬度。

在罗马步兵部队里,每 80—100 名士兵就有一名百夫长负责指挥。百夫长从普通士兵中选拔,往往具有丰富的军事经验和极高的战斗技巧。骑兵部队则每 30 人由一名军官负责指挥。罗马军队扁平化的指挥架构,可以充分发挥各级军官的能力。

身居偏远落后地区的达契亚人,虽然保持着高昂的斗志与敌人殊死搏斗,但缺乏组织的起义军,既没有罗马人的优良装备和过硬技巧,更没有精细的战术配合与铁一般的纪律,因此,随着时间的推移,起义军士兵渐渐难以支撑,伤亡也不断扩大,军心开始动摇。而另一方的罗马军团依旧熟练地砍杀着那些不专业的敌方士兵,达契亚的起义大军就这样土崩瓦解。

第三节
撼动帝国根基的北方蛮族

中国历史坐标轴：

190年，袁绍成为诸侯盟主，群雄并起，讨伐董卓。

208年，赤壁之战，曹操被孙刘联军打败。

266年，司马炎篡魏改国号为晋，即西晋。

383年，淝水之战，东晋以少胜多，大败前秦军。

494年，北魏孝文帝改革。

从奥古斯都到哈德良[1]时代，罗马皇帝发动的战争并未对希腊的行省产生很大的影响。在重大事件发展的进程中，"唯有看见罗马军团在前往他们生活范围边界以外的前线或途经他们的领土时，东方那些操希腊语的人才会感觉到自己属于重大军事功业的一部分"。因此，此时的巴尔干地区作为近省，只

---

[1] 哈德良是罗马五贤帝之一，117年至138年在位。在位期间，停止东方战争，与帕提亚国王缔结和约，改革官僚制度和法律。他还在不列颠岛北部建造了横贯东西的"哈德良长城"，以防御那些居住在现今苏格兰的"蛮族"的入侵。

是随着罗马帝国的脉搏一起跳动。

罗马帝国边境地区的蛮族，主要是克勒特人、日耳曼人和斯拉夫人。从 2 世纪末到 3 世纪末，罗马帝国爆发了严重的社会危机，史称"三世纪危机"。这一危机严重削弱了边防力量，日耳曼部落趁虚而入，突破边境，大批涌入罗马境内，帝国政权风雨飘摇，陷入岌岌可危的境地。帝国东部的巴尔干地区，哥特人越过多瑙河下游和黑海，占据博斯普鲁斯王国和色雷斯，

罗马皇帝君士坦丁雕塑半身像

随后向南推进，屡次劫掠爱琴海地区。罗马采取以蛮制蛮的政策，导致罗马军队逐渐蛮化，大批蛮族部落居民被以军事移民的方式迁到罗马边境，为蛮族的大规模入侵开了方便之门。

250年，哥特人在国王尼瓦的率领下越过边境，进入下默西亚，征服了马其顿和色雷斯，并于次年7月在阿伯里图斯战役（又称泰雷布朗尼广场战役）中大败罗马军队，后双方签订和约。268年，哥特人与赫鲁利人入侵希腊，洗劫了雅典，伽利埃努斯皇帝在奈苏斯战役中击败了他们。同年，罗马皇帝克劳狄二世在贝纳库斯湖（即加尔达湖）附近粉碎了哥特人和阿勒曼尼人的入侵，解放了伊利里亚，他也被称为"伟大的哥特征服者"。

284年，戴克里先登上罗马帝国皇位，确立了君主专制制度。为了防卫蛮族对边境的侵扰，他以小亚细亚的尼科米底亚为驻跸地，把西部事务委托给马克西米安。戴克里先把军队分成边防部队和内地机动部队，前者驻扎在边防要地，保卫边境，后者驻守内地，随时可供调遣。这两种部队合计有72个军团，共约60万人。国内兵员严重不足时，戴里克先在征集隶农当兵的同时，还大量招募移居边疆的蛮族入伍，罗马军队进一步蛮族化。

323年，君士坦丁登上罗马帝国皇位，废除四帝共治制度，继承并完成了把军队分为边防军团和内地机动军团的军事改革。他实行军政分开的政策,以宫廷近卫队代替近卫军,把军事大权完全集中到皇帝手中。330年,他把帝国首都从罗马迁到东方的拜占庭,取名君士坦丁堡。

376年,哥特人为了躲避匈奴人,恳求罗马帝国皇帝瓦伦斯在帝国境内为他们提供一块安全的空间。瓦伦斯收留了他们,他认为,这样可以把善于骑射的野蛮部落吸收到罗马军团,加强战斗力,作为"同盟者"防守帝国边境。但是,在色雷斯罗马边境的驻军与哥特人发生火拼,哥特人弗里提根起义,歼灭罗马地方军,侵犯罗马的巴尔干行省,对整个巴尔干地区的稳定构成了严重威胁。第二年,哥特人不敌罗马大军围剿,被封锁在哈伊姆斯和罗多彼两座大山之中。不过,弗里提根联合阿兰人和匈人,在萨利西斯(今多布罗加,位于欧洲巴尔干半岛东北部)将大车结成车阵,击退了罗马人的进攻。

378年8月,瓦伦斯亲自率领军队参加弗里提根大战。哥特人的兵力在1.2万—1.5万人之间,大部分是骑兵,而罗马军队的兵力为2万—3万人。罗马人沿用"步兵为主,骑兵为辅"的传统战术,摆开步兵居中、骑兵流动于左右两翼的阵形。哥特人在山坡上布了一个大阵,利用四轮马车围成掩体,这样可以从容地向外投掷武器。他们四处放火作为疑似兵阵,还派人假装谈判,以此麻痹敌人。但是,瓦伦斯一直轻视哥特人的作战能力,认为他们不堪一击。

大战开始后,罗马人才明白,哥特人不仅作战勇猛,而且军阵井然有序。他们有一部分人在车阵里投掷长矛，另一部分人则与罗马人短兵相接。罗马人的阵形被长矛打乱，步兵难以发挥效能。随后，哥特人的草原骑兵出人意料地将罗马军队包围、分割、歼灭。罗马人大败，估计伤亡一两万人，连瓦伦斯的尸体都一直没有找到。

379年1月19日，狄奥多西一世成为共治皇帝，掌管东罗马帝国以及达契亚和马其顿管区。这时候，哥特人已经占领了整个色雷斯，入侵希腊，摧毁了潘诺尼亚。

381年，狄奥多西改变了过去单纯镇压的政策，对西哥特人征抚兼施，着重从其内部分化瓦解，这种做法很快就有了成效，哥特人被赶出了马其顿和色萨利。382年9月，伊利里库姆的哥特人被肃清，为达成协议铺平了道路。狄奥多西一世皇帝允许哥特人和格鲁森尼人作为一个群体，在帝国境内多瑙河沿岸的色雷斯和滨河达契亚行省定居。后来，亚拉里克率领西哥特人进入希腊，洗劫了科林斯、阿戈斯和斯巴达等重要城市，雅典在交付巨额赎金之后得以幸免。

狄奥多西一世死后，帝国被分给他的两个儿子。395年，罗马帝国正式分裂为以君士坦丁堡为都城的东罗马帝国和以罗马为都城的西罗马帝国。分裂后的罗马帝国已经奄奄一息，临近末日。

同年，西哥特人推选阿拉里克（约370—约410）为王。狄奥多西死后，西哥特人重新崛起。进攻君士坦丁堡不克之后，

他们南下希腊，经贴萨利直入伯罗奔尼撒。罗马派蛮族出身的斯提利科出战，围困西哥特人于阿卡迪亚山区。397年，阿拉里克投降，受命为伊利里亚军事长官。401年，阿拉里克再反，斯提利科追剿，双方战于波伦提亚，斯提利科大败阿拉里克。

410年，西哥特国王阿拉里克率领的西哥特人攻陷罗马，大举劫掠三日，被誉为"永恒之城"的罗马城，在奴隶和蛮族的内外夹攻下首次陷落。

北匈奴在被东汉击败以后西迁，在4世纪到达欧亚交界的广袤草原，击溃并裹挟了那里的其他民族，征服黑海沿岸的东哥特人，完成了民族大迁徙，迫使哥特人和其他蛮族部落在罗马帝国境内寻求庇护。

匈人帝国的领袖阿提拉（406—453），据说出生在多瑙河北岸的一个强大的匈人（并非匈奴人）家族。匈人帝国的领土包括从莱茵河到东方的萨珊帝国边境。阿提拉向罗马索要贡税，如果得不到慷慨的馈赠，就威胁巴尔干和色雷斯。和平的代价越来越高，437年，阿提拉重拾谈判，在马古斯（今塞尔维亚的波扎雷瓦茨）签订协议，将这一金额提高了一倍。到447年，这个数字已经增加到2100磅黄金。

441年，趁东罗马帝国空虚之机，被欧洲人称为"上帝之鞭"的阿提拉和其兄布勒达抓住机会，横渡多瑙河，侵入巴尔干领土并肆意破坏，彻底摧毁了伊利里亚地区（今巴尔干半岛西部

452年,匈奴军队翻过了阿尔卑斯山,在阿提拉的率领下攻下了意大利,意大利北部所有的城市均被匈奴人摧毁。

地区）和色雷斯地区，省会费米拉孔、辛吉度努姆（今塞尔维亚的贝尔格莱德）等都被夷为平地。

443年，阿提拉再次进犯，摧毁了奈索斯（今塞尔维亚境内城市）和军事重镇塞迪卡。这两次战役里，匈人第一次使用了攻城锤及攻城车等重型装备。在一系列战斗中，他们击败了狄奥多西的军队，横扫巴尔干半岛，沿着尼沙瓦河攻陷谢尔迪卡（今保加利亚首都索非亚）、菲立普波里斯（今保加利亚城市普罗夫迪夫）等大城市，最后推进到君士坦丁堡城外。由于欠缺攻城器具，面对君士坦丁堡高大的城墙，他们只能采取围困的方法。想攻破东罗马首都坚固的城墙是不现实的，但是，他们还是给东罗马帝国的军队造成了重创。匈人索要了一笔贡税，拜占庭同意一次性赔偿6000磅黄金。匈人的欲望暂时得到满足，于是撤向内陆地区。

447年，阿提拉又一次对东罗马帝国发起进攻，双方的损耗都很大。蛮族南下希腊，最后停在温泉关。双方最终的谈判结果是，罗马人同意让出多瑙河南岸的一长条领土，并继续纳贡。

476年，日耳曼雇佣军首领奥多亚克废除西罗马最后一个皇帝罗姆鲁斯，标志着西罗马帝国的最后灭亡。

三世纪以降的两个世纪，蛮族出入帝国疆界，所向披靡。在蛮族入侵的战争中，强劲善战的罗马军团，屡屡败于蛮族骑兵，这表明罗马帝国已经抵挡不了来自游牧世界的冲击，同时也昭示着蛮族国家的建立已经指日可待。

第四节
"罗马火"吓退不了蛮族

中国历史坐标轴：

581 年，杨坚称帝，建立隋朝。

618 年，李渊建立唐朝，定都长安。

755 年，发生安史之乱。

960 年，赵匡胤建立北宋。

1141 年，南宋与金订立"绍兴和议"，形成宋金对峙的局面。

中世纪的巴尔干地区，定居者除了希腊人和罗马人之外，还有斯拉夫人、罗马尼亚人、塞尔维亚人、保加利亚人和阿尔巴尼亚人等。巴尔干是古希腊文化的发祥地，又是古罗马文化产生重要影响的地区，也是拜占庭帝国的主要组成部分。西罗马帝国灭亡后，东罗马帝国受到蛮族入侵的冲击而发生动荡。

《查士丁尼法典》是欧洲历史上第一部系统完备的法律文献，对后世立法影响深远。这部举世闻名的法典是东罗马帝国皇帝查士丁尼下令编纂的。查士丁尼原本是禁卫军指挥官，出身行伍且身世卑微，却成为拜占庭帝国最有名的一代君王。在他统治时期（527—565），对外政策的重点是扩张领土，发动大规模的征服战争，力图恢复罗马的版图。他的方针是对东方和平，对西方战争。征服了北非的汪达尔王国之后，他随即发动了征服东哥特王国的战争。东哥特王国的势力大致在意大利半岛及附近的克罗地亚等地区。540年，查士丁尼率军攻占了东哥特首都拉文纳。543年，东哥特新国王率军南下，收复那不勒斯。554年，拜占庭消灭东哥特王国。

6—7世纪，拜占庭帝国几乎都是在战争中度过的，征服西方的战争打了20年，与波斯的战争持续了将近一个世纪。在巴尔干半岛，尽管拜占庭帝国向阿瓦尔人重金进贡，但名义上接受阿瓦尔人统治的斯拉夫人仍然对多瑙河南岸继续发动袭击，阿瓦尔人则在582年攻占了拜占庭帝国的重要城市西米乌姆。

从7世纪30年代开始，阿拉伯人在短短20年间征服了半个拜占庭帝国，7世纪后半期，阿拉伯人的军事势力已经扩展到东部地中海，占领了罗得、克里特等具有战略意义的岛屿，阿拉伯舰队已有能力渡过爱琴海并穿越赫勒斯滂海峡，进入马尔马拉海，并建立永久性军事基地。

由于对外扩张和遭受外族入侵威胁，战争已成为拜占庭帝国的重要职能，军队更是成为保卫国家和民族安全之必需，军事在帝国的各行各业中都占据着特殊而重要的地位。

第二章　罗马共和国与帝国时期

由于皇帝莫里斯拒绝依照惯例在冬季与多瑙河的蛮族休战，还打算削减士兵们的军饷，602 年，拜占庭帝国的中级军官福卡斯率领巴尔干半岛守军发动叛乱。他们攻下首都，杀了皇帝，并自立为王。萨珊波斯帝国乘机发动对拜占庭的战争，福卡斯也遭到全国各地的反抗。608 年，阿非利加省督之子弗拉维乌斯·希拉克略（575—641）起义，在全国一呼百应，他的舰队停靠在任何一个地方都受到热烈的欢迎。610 年，希拉克略率军抵达君士坦丁堡。帝国禁卫军的精锐部队在福卡斯的女婿普利司库斯的带领下向希拉克略缴械，希拉克略没有遇到严重的抵抗。

希拉克略继位后，认为在整体战略上，拜占庭必须设法避免两线同时作战。620 年，拜占庭和阿瓦尔人签订和约，其中规定，拜占庭帝国向对方支付沉重的贡赋。在与波斯交战的前线，拜占庭军队胜利在望，希拉克略趁机在波斯高级将领之中制造矛盾。军事行动和外交手段双管齐下，很快就取得了预期效果。628 年，也就是这场战争开始六年之后，波斯帝国向拜占庭朝廷求和，接受了波斯和莫里斯在 591 年约定的边境划分方式。

为了拯救帝国于危亡，希拉克略实行了三项重要的军事改革。全部军队分驻在三个大区，各设督军一名，军事长官督军兼理政务，取消了原先的行政区划。后来，希拉克略之孙康斯

坦斯二世（641—668）进一步完善军区制，将其发展成为以将军（军区将军）为长官的地方军事行政区，将军本人则由皇帝亲自选择和委任。9世纪时，全国划分为10个军区，10世纪增加到29个，11世纪为38个，范围不断缩小，数量逐渐增大。同时，以军区代替行省，地方军事长官兼有行政管理权，实际上使全国都处于军事管制之下。早期的拜占庭政府通过在全国各地设立军需仓库的方式，由后勤官员负责给军队提供粮草和武器，后勤官员通过税收或政府强制购买的方式收集军需品，并负责分发到位。

希拉克略还建立了军役和封建义务合一的军事屯田制。战乱时期没收的大贵族的土地和财产被分给服军役的自由农民，作为世袭份地。他们战时作战，平时种地，向政府缴纳赋税，免除徭役。这一改革，加强了军队的经济基础，解决了后勤之忧。为了保证战争的需要，希拉克略还采取大量动用教产的措施，利用教会的物质力量和精神力量，号召全国军民进行"圣战"，打败异教徒和入侵之敌。

717年至718年间，阿拉伯人兵分两路，出动水陆大军，再次围攻君士坦丁堡。十余万陆军跨过了赫勒斯滂海峡，从色雷斯方向严密封锁了君士坦丁堡与欧洲的陆地联系，两千艘阿拉伯战船团团围住了君士坦丁堡的水上进出口。阿拉伯人采取封锁战术，把君士坦丁堡变为一座死城，形势万分危急。9月

1日，阿拉伯人的一支舰队企图封锁金角湾，东罗马皇帝利奥三世命令舰队出战，得到准确情报之后伺机出兵，烧毁了20艘阿拉伯战舰，其余的军舰均被俘获。此后，因惧怕"希腊火"的攻击，阿拉伯舰队再也不敢贸然交战。

拜占庭军队切断了阿拉伯人的粮食供应，最终导致阿拉伯军队爆发饥荒，而且瘟疫流行，损失惨重。由于阿拉伯舰队在马尔马拉海战中吃了败仗，加上他们在叙利亚北部也遭到拜占庭军队的成功反击，于是在678年，阿拉伯和拜占庭帝国签署了一份为期30年的停战协议。

所谓"希腊火"，阿拉伯人将其称为"罗马火"，它是东罗马帝国发明的一种可以在水上或水里燃烧的液态燃烧剂。把它装到后面装着强力气泵的铜管中，借助水的压力加以喷射，就可以把"希腊火"射到敌人的战舰上。从中世纪的一些绘图中可见，"希腊火"的喷射装置同样可以运用于陆战，特别是攻城战之中。

9世纪初到11世纪中叶，拜占庭处于游牧和半游牧民族的包围之中，君士坦丁堡曾多次遭到游牧民族和其他外来敌人的围攻，甚至沦于敌手。在地中海，阿拉伯人的海军占据极大优势，823年攻占克里特岛。10世纪以后，阿拉伯帝国趋于衰落，拜占庭收复了克里特、塞浦路斯和罗得等岛屿。

在陆地上，拜占庭北方受到了新崛起的保加利亚王国的威胁。保加利亚人在 7 世纪后期形成独立国家，9 世纪初开始与拜占庭发生战争。809 年，克鲁姆大公夺取了拜占庭北方重镇塞尔提卡（即后来的索非亚）。克鲁姆大公率军南下，进攻拜占庭，而拜占庭军队也在 809 年和 811 年两度攻掠保加利亚首府普利斯卡（Pliska）。

811 年，拜占庭军队在进攻保加利亚首都普利斯卡时最初取得成功，但后来却遭到对方的伏击，拜占庭军队在亚得里亚

藏于西班牙马德里国家图书馆内的 13 世纪《斯基利泽斯编年史》希腊文手稿中的"希腊火"。

堡北部山区战败，拜占庭皇帝被保加利亚人杀害。克鲁姆率军进攻君士坦丁堡，久攻不克。812年，保军乘胜夺取黑海西岸要塞麦森布里亚，并不断向南方推进，抵达君士坦丁堡城下，顺势劫掠了色雷斯，并夺取亚得里亚堡。后来，拜占庭打败保加利亚人，保加利亚向南扩张的势头得以遏制。拜占庭夺回迈森布里亚和亚得里亚岛，迫使保加利亚人退出拜占庭北部地区。817年，双方缔结30年和约，拜占庭在色雷斯边境修筑土垒城墙，防止保军进攻。双方缔结和约以后，保加利亚的扩张转向克罗地亚、潘诺尼亚和塞尔维亚等地。

9世纪20年代到30年代，拜占庭帝国在军事上再度跌入低谷。826年到827年间，克里特岛被来自西班牙的阿拉伯人征服；随后，非洲的阿拉伯人占领西西里岛，使爱琴海、第勒尼安海和爱奥尼亚海的大片区域不得安宁。9世纪至10世纪之交，保加利亚和拜占庭两国冲突再起。894年，拜占庭战败，被迫接受屈辱性和约，向保加利亚纳贡称臣。

11世纪初，拜占庭在北方除了面临保加利亚人的威胁外，还要防备马扎尔人、佩切涅格人和俄罗斯人的入侵。972年，拜占庭打败俄罗斯大公，迫使其撤出拜占庭和多瑙河流域。1014年，拜占庭在巴拉西斯塔大败保加利亚人，保加利亚的1.4万官兵被俘。1018年，保加利亚全境被拜占庭占领，保加利亚第一王国灭亡。

保加利亚第一王国灭亡后,拜占庭开始残酷地压迫保加利亚人,保加利亚人掀起了大规模的反抗拜占庭统治的起义,并打败了拜占庭驻军。1187年,拜占庭被迫承认保加利亚独立,建立保加利亚第二王国。不过,在内忧外患的打击下,保加利亚王国最终还是在1396年被奥斯曼帝国吞并。

拜占庭与蛮族进行了长期的军事对抗,在这一过程中,双方相互斗争,又相互融合,就像中国战国时代的胡服骑射一样,拜占庭的军事战术也发生了很大改变。帝国军队在群体战术上更加强调机动灵活性,以适应更大地区范围的作战,逐渐抛弃了重装步兵的作战模式,在单兵防御上,对步兵方阵近战肉搏能力的需求快速下降,装备也由以前的重甲变成了较为轻便的锁子甲。锁子甲塑形性强,可以适应战士的各种体型,不用区分不同规格,也不需要严格地规范化,在战争中缴获的锁子甲随时可以拿来使用。

烽火逐鹿——巴尔干军事史话

第三章
奥斯曼帝国统治时期

第一节 奥斯曼帝国崛起及其"新军"的狂飙

第二节 苏莱曼大帝征服与划桨战船的末路

第三节 奥斯曼帝国衰落与东方问题的出现

第四节 俄土逐鹿巴尔干

 烽火逐鹿：巴尔干军事史话

第一节
奥斯曼帝国崛起及其"新军"的狂飙

中国历史坐标轴：

1206 年，铁木真即位，号成吉思汗，蒙古汗国建立。

1279 年，南宋灭亡。

1368 年，朱元璋称帝，国号大明。

1405 年至 1433 年，郑和七次下西洋。

1449 年，土木堡之变，明朝由盛转衰。

13 世纪蒙古帝国兴起以后，迫于蒙古军西侵的兵锋，一部分奥斯曼突厥人进入小亚细亚，与当地居民融合，成为奥斯曼土耳其人。1290 年，土耳其人首领奥斯曼拥兵自立，建立奥斯曼帝国。14 世纪，奥斯曼土耳其人开始对外扩张，对异教地区发动征服战争。他们拥有一支"新军"（Janissaries）[1]，这支部队

---

[1] "新军"即苏丹亲兵或禁卫军，是奥斯曼土耳其帝国常备军队与苏丹侍卫的总称。

以奴隶为主要成分，擅长使用热兵器，具有极强的战斗力。

奥斯曼土耳其人进攻的主要方向是当时被拜占庭控制的巴尔干半岛。拜占庭帝国的无政府状态，使奥斯曼的扩张行动显得十分轻松。1329年和1337年，他们占领了尼西亚和尼科米底亚两地。1356年，奥斯曼土耳其人渡过达达尼尔海峡，攻占巴尔干半岛的加利波利，接着夺取了拜占庭属地马其顿和保加利亚，1361年又攻克了亚得里亚堡。奥斯曼土耳其人对亚得里亚堡的永久性占据，切断了君士坦丁堡与巴尔干诸国的联系，打开了入侵东南欧的大门。

1371年9月26日，奥斯曼帝国军队在马里扎河畔的塞尔诺文击败巴尔干半岛的主要军事力量——塞尔维亚人的7万大军，迫使巴尔干诸国向奥斯曼纳贡称臣，这让希腊人彻底陷入绝望。1380年，奥斯曼军队继续进攻东南欧地区，1385年又占领了索非亚。

奥斯曼人的节节胜利，终于让欧洲认清了他们带来的威胁。虽然教皇发起了一次十字军运动，但法国和英国此时正忙于百年战争，无法对基督徒共同的敌人采取实质行动。十字军东征期间，越来越多的西欧骑士和雇佣军来到塞尔维亚，帮助他们逐渐摆脱了旧的拜占庭军事模式，塞尔维亚发展出了与西方高度类似的封建军事体系。东南欧各族人民纷纷起来抗击奥斯曼帝国对巴尔干半岛的扩张。

当时的科索沃地区位于保加利亚以西，只要奥斯曼军队攻占了这里，就可以进一步蚕食塞尔维亚领土。1389年，巴尔干诸国的塞尔维亚人、保加利亚人、波斯尼亚人、匈牙利人和阿尔巴尼亚人组成联军，在塞尔维亚国王拉扎尔（Lazar I Hrebeljanovic, 1371—1389）统率下迎击奥斯曼帝国军队。联军有10万余人，奥斯曼帝国军队在6万—7万人之间。6月15日，双方交战于科索沃平原。联军骑士们排出楔形阵，直扑奥斯曼帝国军队的中军，两翼的轻骑兵也一同跟进。但是在中军，联军骑士遇到了奥斯曼帝国军队设置的拒马桩和壕沟，冲锋势头被遏制。由于重甲对人的体力消耗很大，经过一番猛烈的冲击之后，联军骑士们逐渐力不从心，攻击力和灵活性都开始下降。此时，奥斯曼帝国轻步兵和轻骑兵的优势开始体现出来。奥斯曼帝国军队趁机用骑兵包抄了联军中塞军步兵的后路，造成塞军步兵的骚乱和动摇。塞军右翼指挥官选择撤退，保存实力，这使塞军中路被奥斯曼军队彻底包围，最终导致战场形势急转直下，联军大败，拉扎尔被俘虏并被处死。

奥斯曼帝国军队取得胜利，占领了塞尔维亚。科索沃战役决定了巴尔干诸国丧失独立的命运，为奥斯曼土耳其人统治东南欧地区奠定了基础。1393年，奥斯曼帝国军队攻入保加利亚和阿尔巴尼亚，第二年攻下伯罗奔尼撒，占领君士坦丁堡以西的整个色雷斯地区。

第三章　奥斯曼帝国统治时期

1396年9月,奥斯曼帝国军队与欧洲基督教诸国组成的十字军在多瑙河畔的尼科堡(今保加利亚境内)进行了一场大战。尼科堡要塞设有两道城墙,一道城墙在峭壁上,另一道城墙在峭壁下。奥斯曼帝国军队守备严密,后勤充足。作为奥斯曼帝国军队阵前部队的轻型骑兵向两侧分开,敞开一片布满尖木桩的战场,战场上满是奥斯曼"新军"的弓箭兵。联军冲锋的骑兵被尖桩所阻挡,又被弓箭兵射杀战马,被迫下马作战。那些坐骑被尖桩刺伤的骑士下马推倒了尖桩,让后面的骑士通过,击溃了装备较弱的奥斯曼帝国军队的轻型步兵。十字军推进至由老兵组成的奥斯曼西帕希骑士面前,但人马都已经精疲力竭。有人提议停下来整顿阵形,等待匈牙利人上来提供支援,尽管不知道奥斯曼帝国军队的规模,但年轻的十字军骑士们相信,他们已经击败了奥斯曼帝国军队的主力,所以,他们否决了这个提议,坚持追击败军。

此时,年轻的十字军骑士们已经没有了骑兵的优势,只能步行追赶败军。当他们身披重甲追到山上的高地时,本以为能够看见败逃的奥斯曼土耳其人,然而却发现,他们眼前出现的是战意高昂的奥斯曼西帕希骑兵。而且,与精疲力竭的十字军骑士形成鲜明对比的是,奥斯曼西帕希骑兵以逸待劳,气势如虹。西帕希骑兵吹响号角,擂起战鼓,大喊"真主至上",气势汹汹地拼杀上来。十字军骑士很快就被围困住,十字军遭到惨败,主帅也不幸被俘。这是中世纪时期欧洲最后一次大规模的十字军东征。

虽然奥斯曼帝国军队拥有先进的火门枪，但这种枪使用的弹丸，存在命中率低和射速不足两个致命的缺点，敌方骑兵只要能冲到火门枪兵面前，枪兵就毫无反击能力。在14—15世纪，欧洲贵族骑士的全套装备重达100磅（约45公斤），能够完全防御复合弓甚至火门枪的射击。因此，在那个时代，火门枪兵是没有能力淘汰骑兵的。在骑兵无法下马作战的情况下，重装骑士仿佛是移动的钢铁堡垒。在这场战役中，十字军骑士们显然缺乏明确的指挥，而且，他们并没有意识到自身具备的优势，所以才输掉了这场重要的战争。

1400年，奥斯曼进入多瑙河流域，此时，君士坦丁堡已经成为处在奥斯曼土耳其人包围中的一个孤岛。1451年，有"征服者"之称的穆罕默德二世（Muhammad Ⅱ，1432—1481）继任奥斯曼皇帝，攻打拜占庭帝国的战争重新开始。穆罕默德二世对欧洲进行了20次入侵，迫使很多地区臣服于他的统治。特别要指出的是，他是一位杰出的炮兵专家，也是史上第一位真正的炮兵指挥官。

君士坦丁堡地势险要，有当时世界上最著名的防御设施。这座城市围绕着14千米长的海边城墙和6.4千米的陆上城墙，城墙上有100座城楼，城外还有一道巨大的防护沟渠。不过，

第三章　奥斯曼帝国统治时期

英国伦敦维多利亚与艾尔伯特博物馆展出的意大利画家詹蒂利·贝利尼（Gentile Bellini）创作的穆罕默德二世画像。画上刻有"征服者"的拉丁题词。

当时城市人口锐减，防务空虚，城内全部兵力不足万人，已经丧失了抵御奥斯曼帝国军队围攻的力量。

1452年夏天，一位名叫乌尔班的匈牙利人来到君士坦丁堡，自荐为帝国研制火炮。拜占庭皇帝对此很感兴趣，但无法提供所需原材料，也无法给他支付理想的薪水。怀才不遇的乌尔班后来在奥斯曼帝国得到了重用。他花三个月的时间研制了一门重炮，这门炮被配备于鲁梅里要塞。后来，他又建造了一尊长约8米的巨炮，这门大炮分为两部分，前部用于装弹，后部用于装药，可以发射重达1200磅（≈544千克）的炮弹，射程达到1英里（≈1.61千米）。炮身可以拆卸分解，便于运输。这门大炮史称"乌尔班大炮"。

1453年5月，穆罕默德二世指挥17万大军和数百艘战船，大举进攻君士坦丁堡，奥斯曼帝国军队从鲁美利西萨城堡用重炮轰击君士坦丁堡，垮塌的城墙填满了城外的沟渠。城内居民急忙用土木修补突破口，拜占庭军队则利用险要地势拼死抵抗。与此同时，奥斯曼帝国军队加强了攻势，夺取了两座城堡和马尔马拉海上的一个岛屿。

5月29日，奥斯曼帝国军队在凌晨展开进攻，但两次进攻均告失败。天亮时分，穆罕默德二世调动最精锐的禁卫军，准备进行最后一击，他本人也亲临沟渠进行督战。在热那亚人的帮助下，奥斯曼帝国军队在加拉太地区铺设了一条涂油的木板滑道，将近70艘轻型战船利用这条滑道运抵"黄金角"，通过浮桥后从侧翼突然发起进攻，夺取城门，进而攻陷君士坦丁堡。历时千年之久的拜占庭帝国灭亡，君士坦丁堡成为奥斯曼帝国首都，并改名为伊斯坦布尔[1]。

在这场战斗中，大炮的使用第一次打破了攻城战中的平衡。从城邦时代起，城墙和塔楼就在为城市提供足够的保护，城堡和城镇主要通过厚重的城墙和更宽更深的护城河来防止敌人侵入，因此，在这个时期，进攻者不得不寻求攻城的新武器。大炮的出现，终结了城堡防御的时代，从此，新城堡修建得越来越少，城建模式也有了新的变化，战争的重点逐渐从围城战向旷野战转移。

奥斯曼军队之所以能够征服如此广袤的土地，取得如此巨大的成就，主要原因就是坚定的服从心理，普通突厥士兵对上级是绝对服从的。他们擅长搜寻敌军并对其进行监视，之后再发动奇袭，战斗方式会随环境而改变。找到合适的机会之后，他们会分散成几个小队，同时向敌军各部发动进攻。

---

[1] 但当时西方国家认为奥斯曼帝国是此地的侵略者，所以依然坚持称此地为君士坦丁堡。1923年土耳其共和国初建时定为首都（独立战争期间迁都安卡拉），伊斯坦布尔才成为国际上的正式名称。

第二节
苏莱曼大帝征服与划桨战船的末路

中国历史坐标轴：
1510年，刘六刘七起义，这是明中叶规模最大的一次起义。
1553年，葡萄牙人占领澳门。
1563年，巡抚谭纶率戚继光、俞大猷、刘显三将大破倭寇。
1593年，李如松收复平壤。

占领君士坦丁堡后，奥斯曼帝国在此后的百年中继续吞噬拜占庭帝国的其他领土，先后在1459年攻占塞尔维亚，1463年占领波斯尼亚，1465年占领黑塞哥维那，1479年占领阿尔巴尼亚等地，1504年吞并罗马尼亚，完全控制了希腊和巴尔干地区。

1520年，苏莱曼一世（Suleiman Ⅰ，1494—1566）即位。他在位46年，发动了几十次战争，多以胜利结束，奥斯曼帝国进入全盛时代。他把奥斯曼帝国的军事力量推向顶峰，人称"苏莱曼大帝"。

对基督教欧洲来说，君士坦丁堡的陷落简直是晴天霹雳，其中最感到不安的是匈牙利，他们成为抵御奥斯曼入侵的最前线。为了争夺巴尔干半岛，奥斯曼帝国与匈牙利进行了长期的战争。苏莱曼对外征战的首要目标是匈牙利南部重镇贝尔格莱德。这座城市坐落于多瑙河与萨瓦河的交汇处，是奥斯曼帝国通往中欧的交通要道，有"巴尔干之钥"之称。1456年，"征服者"穆罕默德二世曾发动贝尔格莱德围城战，但奥斯曼帝国军队惨败而归。

1521年，苏莱曼集结10万大军出征。此次出征，他准备得很充分，动用数万头骆驼和马匹运载所需的粮草、军械等物资，出动的不仅有舰船，还带上了陆地使用的大炮。他集中帝国所有的精锐战士将贝尔格莱德团团围住，从多瑙河的一座岛屿向城内不间断地发射重炮，旨在一举摧毁贝尔格莱德坚固的城防工事。

匈牙利一方虽然与神圣罗马帝国结成了反奥斯曼帝国联盟，但西方基督教国家为了争权夺利而钩心斗角，相互间疯狂倾轧。在生死存亡之际，匈牙利得不到外援支持，只能依靠城中原有的区区700守军。经历两个月的僵持，1521年8月，贝尔格莱德要塞最终陷落，奥斯曼帝国军队占领了贝尔格莱德。之后，奥斯曼帝国军队又加紧了对罗得岛[1]的围攻，并于1522年圣诞节攻陷罗得岛。

---

[1] 即希腊罗得岛，地处爱琴海东南部，爱琴地区文明的起源地之一，距离土耳其东岸约17公里。在古希腊时期和中世纪均为欧亚交通要冲，兵家必争之地。

藏于土耳其托普卡帕宫博物馆由宫廷画家尼加里绘制的苏莱曼大帝画像。

第三章　奥斯曼帝国统治时期

匈牙利在千年间曾阻挡了各路蛮族对欧洲的入侵，被冠以"欧洲盾牌"的美誉。1526年，苏莱曼组织了一支25万人的庞大军队，继续攻打匈牙利。而匈牙利国内空虚，很大一部分贵族反对开战，国王只得依靠少数忠于他的直属力量和亲家哈布斯堡王朝提供的西欧雇佣军，勉强凑足两万人，开赴莫哈奇（Mohacs）西南部平原的中心地带迎战。匈牙利军队的中间方阵以步兵为主，配以火枪手及20门火炮，将他们置于方阵前面，侧翼则由其他国家的雇佣军组成。重骑兵被安插在方阵中间，集中力量出击，少量轻骑兵部署于防线后部，作为预备队。

苏莱曼将轻骑兵分为两个横队，在他们的后方留下了一大片空地，方便骑兵更好地发挥自身的机动性。阵线前端安置了大量雇佣兵和炮兵，实力稍差的非正规骑兵被部署在军队的两翼。他令6000名西帕希骑兵迂回至匈牙利军队西侧，利用起伏的山丘做掩护，计划在两军全面投入战斗时突袭匈牙利军队的右侧。

奥斯曼帝国军队猛攻匈牙利轻骑兵，匈牙利炮兵及时援助，猛烈的炮火在一定程度上阻止了奥斯曼帝国军队前进的步伐。激战持续了很久。匈牙利擅长大步冲锋的重甲骑兵前冲，碾压了刚刚渡河的西帕希骑兵，奥斯曼帝国军队第一横队被迫撤退。欧洲的重甲骑兵实力远胜于奥斯曼的西帕希骑兵，但其劣势在于难以久战。苏莱曼下令潜伏的西帕希骑兵向匈牙利右翼发起进攻，促使其回援。匈牙利轻骑兵前往援救，暂时稳定了阵脚。

随着骑兵战线的拉长，匈牙利步兵难以跟进，与行动缓慢的炮兵拉开了距离。苏莱曼一面下令禁卫军构筑防御工事，中间配置大量的火枪手、炮兵和弓箭手，一面令鲁梅利亚骑兵吸引前来追击的匈牙利骑兵，使其脱离主战场。匈牙利重甲骑兵遭到奥斯曼帝国炮兵的重大杀伤，而自己的炮兵被遗弃在后方，只得被动挨打。匈牙利军队很快乱了阵形，部队瞬间崩溃，四散奔逃。

此战中，基督教联军全军覆没，匈牙利失去了独立王国的地位，奥斯曼帝国的兵锋直指维也纳。1529年，奥斯曼帝国军队强攻维也纳受挫，苏莱曼率军退回了君士坦丁堡。

巴尔干半岛有三条军事走廊。在大多数情况下，奥斯曼远征军都会使用多条走廊，分几批行军，以减轻某一地区的负担。每条走廊的道路都经过仔细测量，省级当局不仅要负责道路和桥梁的维护，还要为行进的军队提供补给。在欧洲战场上，奥斯曼帝国能够相对容易地解决后勤问题，主要归功于其在多瑙河上的强大舰队以及特兰西瓦尼亚和瓦拉几亚诸国的农业生产能力。

苏莱曼一世大规模的东征西讨，扩大了奥斯曼帝国的疆域，帝国的辽阔面积达到极点，包围了地中海三分之二的海岸线。随着奥斯曼在陆地的不断扩张，苏莱曼逐渐发现，海洋制约了其扩张野心。1537年5月，苏莱曼下令从海路发起全面进攻。

苏莱曼派出大军，前往阿尔巴尼亚，同时派出170艘桨帆船，从伊斯坦布尔出发，杀向意大利的亚得里亚海岸。

欧洲海上强国在区域商业和贸易上经常发生龃龉，彼此间缺乏有效的信任与合作机制，只是出于对奥斯曼帝国海上扩张的担忧才会勉强结成同盟。与奥斯曼帝国的海上军队相比，欧洲各国具有相当大的优势，包括威尼斯在内的海军大国，大多具备更强的单船火力，新式的盖伦船更是拥有让奥斯曼帝国军队胆寒的火炮。盖伦船是把上层建筑降低并移入船体之内的新型舰船，具有速度快、灵活机动等特点，适合远距离炮战。

1538年9月，欧洲神圣同盟联军海军在追击奥斯曼舰队的时候，将其逐步挤压到普雷韦扎（Preveza）附近。联军的战术目标是，把军队和火炮卸到陆地上，夺取陆上的普雷韦扎城堡，然后封锁港湾，把奥斯曼舰队困在里面，最后从陆地高处对敌方进行炮击，实现陆海围歼。

然而，联军内部各国相互猜忌，矛盾丛生，军队指挥混乱，作战协调性差，而且处在外海的军舰时刻担心可能出现的海上风暴。相反，龟缩在港湾里的奥斯曼舰队却急切盼望海上风暴能削弱联军实力，想趁敌阵混乱时出击。9月28日，等待已久的海上风暴终于来临，欧洲联军撤出，奥斯曼舰队伺机出动。

联军的军舰吨位大，舰队和沿岸保持着相当大的安全距离。奥斯曼舰队则轻松地从这个空档钻过，对西班牙舰队后方的威尼斯人进行攻击。在另一侧,力量薄弱的联军骑士团舰船很快遭到几倍于己的敌人的包围。神圣同盟联军被肢解,四分五裂,损失了49艘各类船只,其中绝大部分是在无力继续反抗的情况下投降的,共有3000名船员被俘。损失最大的是威尼斯人的舰队,他们的重火力虽然强大,却没能击沉一艘敌舰,仅仅取得敌方400人死亡和800人负伤的有限战果。

苏莱曼一世在位时,奥斯曼帝国有正规常备军约5万人,骑兵13万,再加上各种名目的非正规军,帝国的总兵力多达25万—30万人。苏莱曼一世在军事上最突出的就是他的组织才能。在战场上将十几万乃至几十万的兵力调动自如,而且有条不紊,这没有出色的组织才能是难以实现的。

苏莱曼一世统治下的奥斯曼帝国,军事实力能够达到顶峰,还要归功于有力的后勤保障。在当时的历史条件下,要配合帝国军队的大规模行动,运输和后勤物资供给均不是易事。

奥斯曼帝国的中央国家机构分为行政军事系统和宗教系统两部分,帝国主要是依靠军事征服建立起来的,因此,维持强大的军事力量是其基本国策。奥斯曼帝国军队的主力是陆军配备火枪、火炮的步炮混编方阵,这种配置所向披靡,其战斗力在数百年内一直强于欧洲和其他中东国家的军队。奥斯曼的海军力量也很强大,16至17世纪,奥斯曼海军主要活动于地中海、红海和黑海地区,甚至远航至印度洋。

但是，奥斯曼军队的装备主要来自从欧洲购买的先进热武器。奥斯曼帝国既不注重研究军事技术，也不具备军火生产能力。这种底气和动力不足的弱点，在苏莱曼去世不久就表现了出来。

1571年9月，以西班牙、威尼斯为首的联合舰队在墨西拿集结，在利班多附近与奥斯曼海军展开激战。联合舰队的各类舰船有300艘，兵力有8万人。欧洲国家的快船船头部位设有5门火炮，而奥斯曼海军舰船上仅有3门火炮。欧洲军舰的侧舷也设置了火炮，船板厚达7厘米，士兵还装备了火枪。奥斯曼海军共有270多艘舰船参战，这些舰船比联军舰船小得多，军舰没有侧舷炮，更无厚船板防护。作战中，双方舰只相互靠近，奥斯曼士兵企图登上联军战舰肉搏时，联军士兵就会手持火枪，将其一一击退。此外，联军舰船的火力、驾驶技术都高于奥斯曼军队，所以在激战中逐渐占了上风。这场海战的胜利，宣告了奥斯曼帝国在地中海横行肆虐的时代即将结束。

在军事史上，利班多海战是一场具有特殊意义的海战。它是人类最后一次划桨舰船的海战，宣布了风帆与射击时代的到来。联军在海战中使用的炮舰虽很笨重，但其强大的火力表明，划桨战船已走向没落，一个时代已经结束。此后，风帆作为动力代替了划桨，战术上则以枪炮射击代替了接舷登船的肉搏战，这是海军战术史上的一次重大变革，新的海战时代从此开始。

第三节
奥斯曼帝国衰落与东方问题的出现

中国历史坐标轴：

1619年，萨尔浒之战，努尔哈赤以少胜多，大败明军四路进攻。

1627年，宁锦之战，袁崇焕率军击退皇太极围攻宁远、锦州。

1689年，中俄签订《尼布楚条约》。

1690年至1723年，清平定新疆叛乱。

利班多海战的惨败，并未能使奥斯曼帝国的海权折戟，赛利姆二世在当年冬天就赶造了200艘军舰，用以充实海军，奥斯曼帝国仍然不啻为地中海各国不可轻视的对手。但是从精神层面来看，这的确是一场决定性的会战，它证明，奥斯曼帝国已经不再无敌于天下。

奥斯曼帝国"新军"在历史上曾经颇有影响，战斗力令敌人望而生畏。但从16世纪末起，"新军"出现了干预帝国内政，甚至发生政变的状况。"新军"的步兵成为伊斯兰教徒子弟们才能加入的特权阶层,他们不再参加艰苦而严格的军事训练。"新军"也逐渐成为没有纪律、不能对外征伐的武装集团。军队丧失战斗力之后,这个帝国也从顶峰跌落下来。

14世纪末至15世纪初,奥斯曼帝国实施了一项募兵制度——德米舍梅制度(devshirme,也有译作德夫舍梅制度),目的是为帝国选拔忠诚的士兵。德米舍梅制度规定,在被征服地区(除波斯尼亚)的基督教家庭中,以40户一丁的比例征兵,征集的对象主要为8—18岁的青少年。这种征兵制度是从帝国的欧洲部分(巴尔干地区)开始的,最初每隔五年在巴尔干半岛特定的基督徒区举行一次,每次能招募1000—3000名青少年,最多时可达8000人。

对这一制度进行强烈反抗的基督教城市,将会受到严厉的惩罚,并被强制成为德米舍梅制度征募的对象城市,例如保加利亚、阿尔巴尼亚、塞尔维亚、马其顿、希腊、波斯尼亚等,都是德米舍梅制度征募的对象。与之相反,作为回报,那些主动归降的基督教城市将会被苏丹免除征募。奥斯曼以这种方式鼓励巴尔干地区的城市主动归顺,这样既可以解决帝国内部面临的一些问题,同时也可以通过这种方式把巴尔干人纳入帝国的统治之下,巴尔干人也通过德米舍梅制度参与到了奥斯曼帝国的国家事务之中。

越来越多的家庭自愿让他们的孩子去参军服役,因为这样就意味着普通家庭的子女开通了进入帝国精英阶层的捷径。"新军"高层也倾向于给他们的子弟和亲戚打开门路。为了扩充军队,从1582年起,普通自由民也能成为"新军"军官的一员,这就彻底颠覆了原有的制度。从军事角度来看,禁卫军来源的多样化,导致禁卫军人数不断增加,战斗力却不断下降。1594年,"新军"军衔向所有穆斯林志愿者开放,"新军"军团的素质持续下滑。德米舍梅制度的衰落,不仅使苏丹失去了一支效忠于自己的军队,还让奥斯曼帝国失去了一支战斗力强大的常备军。由于禁卫军在伊斯坦布尔拥有武装力量的垄断权,所以,它也逐渐成为奥斯曼帝国政府难以摆脱的"噩梦"。

1645年,奥斯曼帝国军队入侵威尼斯共和国的克里特岛,包围了首府干地亚。4月30日,奥斯曼海军舰队载着6万大军穿过达达尼尔海峡,进入爱琴海,然后穿越克里特岛附近海域,来到伯罗奔尼撒半岛西南角的纳瓦里诺。稍事休整后,7月21日,由400艘舰船组成的舰队再次出发,在克里特岛西北部登陆,准备围攻干地亚。

1646年,威尼斯海军发起第一次进攻,试图封锁达达尼尔海峡,并尝试占领海峡入口处极具战略价值的特内多斯岛(今博兹贾岛),以切断克里特岛奥斯曼军队的补给线,但没有成功,奥斯曼仍然将援军和物资补给运到了克里特岛。1647年1月,双方发生海战,威尼斯旗舰被围,指挥官在战斗中阵亡,但这艘战舰也给奥斯曼舰队造成了巨大伤亡，严重打击了他们的士气。

1651年7月10日，纳克索斯岛以南爆发了一场大海战，持续了三天，最终，威尼斯将领率领的58艘战舰击败了两倍于己的敌人，奥斯曼残军逃往罗得岛。1656年6月，威尼斯—马耳他联合舰队的67艘战舰与奥斯曼海军的108艘战舰相遇，奥斯曼海军"遭到了自利班多海战以来最惨痛的失败"，60艘战舰被击沉，24艘战舰被俘，克里特岛的供应基本被切断。

1657年，双方再次发生大战。奥斯曼军的伤亡比威尼斯联军要大，但他们实现了突破封锁的目标。1659年，他们攻占了伯罗奔尼撒半岛及周边岛屿上的几座城池。1664年，奥斯曼派遣9000人支援克里特岛上的军队。为了避免海上交战，奥斯曼军不断地向克里特岛输送兵力。

1669年8月27日，威尼斯统帅弗朗切斯科·莫罗西尼在没有通知威尼斯政府的情况下决定投降。这场战争终结了威尼斯对克里特岛的占领，也使奥斯曼帝国的领土达到暂时的顶峰。但是，无数金钱与人力被投入到这场旷日持久(1645—1669)的战争，在一定程度上也导致了奥斯曼帝国在17世纪末的衰落。

在陆地上，1683年，基督教联军在维也纳之战中击败奥斯曼帝国，这是两百多年来奥斯曼军队第一次在陆地上被欧洲人击败，标志着奥斯曼鼎盛时期的结束。1685—1687年，威尼斯人进攻波斯尼亚、达尔马提亚和伯罗奔尼撒半岛。奥斯曼帝国军队在伯罗奔尼撒半岛的战斗中失败。1687年，威尼斯人从伯罗奔尼撒半岛北上，9月占领雅典，其舰队占领利班多。同年，奥地利军队击败了守卫克罗地亚和斯洛文尼亚的奥斯曼帝国军队。第二年9月，奥地利军队占领贝尔格莱德，打开了通向巴尔干半岛北方的大门。1691年，奥斯曼军队准备袭击奥地利军队，但在斯朗卡门遭遇伏击，损失惨重，奥斯曼军队统帅被杀，军队溃散。

1697年9月，神圣罗马帝国联军和奥斯曼帝国军队在塞尔维亚南部森塔东边的蒂萨河附近进行了一场会战。联军的兵力为5万人（包括1.6万名骑兵和3.4万名步兵，还有60门大炮），奥斯曼的军队包括8万大军和90门大炮。此时，奥斯曼已经没有了往日强劲的铁骑，所以希望在这次战争中避免野战。得知敌军逼近后，奥斯曼军队放弃了对赛格德城堡的围攻，决定退守泰梅什堡。联军则大胆地放弃辎重，开始急行军，希望在奥斯曼军队退入城堡之前发动一场野战。9月11日，正在向城堡撤退的奥斯曼大军试图在桥上渡过提塞河（多瑙河支流），联军队伍急速逼近，奥斯曼军队渡河走到一半时，联军突然出现，60门大炮齐声轰鸣，同时，龙骑兵纵马来到奥斯曼营地前，然后下马，像步兵一样排成整齐的线列进行排枪齐射。

奥斯曼军队无法抵挡联军军队的排枪齐射，很快溃败，拥堵在桥上，与河对岸赶来的援兵挤在一起，场面混乱不堪。联军所有的大炮都在对着桥上轰击，奥斯曼军队伤亡惨重。联军左翼的骑兵发动冲锋，击溃了奥斯曼军队的右翼，占领桥头，形成包围之势，双方展开了残酷的肉搏战。最终，联军以不到2000人的伤亡造成了对方2.5万人的死伤，同时还缴获了大量物资辎重。

在几场战役失利后，1699年，奥斯曼帝国与荷兰、俄国、奥地利、威尼斯、波兰等国，在贝尔格莱德以北的卡洛维茨谈判，签署《卡洛维茨和约》（*Treaty of Karlowiz*）。《卡洛维茨和约》重新划定了包括巴尔干地区的疆界，标志了奥斯曼帝国由盛转衰。

1716—1718年，奥地利与奥斯曼帝国进行了多次战役，包括彼得罗瓦拉丁战役、蒂米什瓦拉战役、波斯尼亚行动以及贝尔格莱德围城战，奥军把奥斯曼军队打得大败，贝尔格莱德于1717年8月17日落入奥地利军队手中，除了尼什（Nish，塞尔维亚南部最大城市）仍有奥斯曼驻军外，几乎所有的奥斯曼军队都已从塞尔维亚撤退。第二年7月21日，在英荷的撮合下，奥斯曼帝国与奥地利哈布斯堡王朝和威尼斯共和国签署了《帕萨罗维茨和约》，奥斯曼从蒂米什瓦拉、贝尔格莱德、塞尔维亚、波斯尼亚北部和奥尔特尼亚撤军。根据条约，奥地利获得了蒂米什瓦拉、贝尔格莱德、小瓦拉几亚以及塞尔维亚和波斯尼亚的部分地区，奥地利在巴尔干半岛的扩张达到了极限。奥斯曼帝国设法保留了从威尼斯夺回的土地，威尼斯失去了在希腊的领土。

1735年，俄罗斯和奥地利联手，陈兵奥斯曼边境，威逼奥斯曼签订和约。1739年，双方在贝尔格莱德下游的格罗茨卡（Krotzka）进行了一场会战。奥地利人严重低估了奥斯曼军队的实力，在一处山谷的入口进行战术调动，奥斯曼军队抓住这次时机，给了奥地利人一次重挫，奥地利军队被迫向贝尔格莱德方向退却，士气陷入低谷。奥斯曼帝国收回了在《帕萨罗维茨和约》中丢失的在塞尔维亚、波斯尼亚和瓦拉几亚的一切利益，为自己赢得了一段喘息之机。

第四节

俄土逐鹿巴尔干

中国历史坐标轴:

1747年,乾隆帝征伐藏边回疆等地。

1840年,鸦片战争爆发。

1851年至1864年,太平天国运动。

1861年,洋务运动开始。

奥斯曼帝国地跨亚非欧,曾经是欧洲基督教世界的最大威胁。自17世纪末开始,世界军事格局发生了根本性逆转,此后的两个多世纪里,奥斯曼帝国成为欧洲列强瓜分蚕食的对象。进入18世纪,沙皇俄国取代西方诸国,成为奥斯曼帝国的主要对手。在一系列俄土战争中,奥斯曼帝国难以抵挡沙皇俄国扩张的势头,19世纪后,更是处于崩溃的边缘。

扩张时期的奥斯曼帝国曾经在其北疆修建了一系列要塞,构成一条从巴尔干半岛的贝尔格莱德到高加索的卡尔斯(Kars)之间的防线。17世纪下半叶以后,这条防线成为奥斯曼帝国与沙皇俄国发生军事冲突的重要战场。

18世纪后期，奥斯曼帝国对内的控制力逐渐减弱，安纳托利亚地方贵族以及鲁美利亚（奥斯曼帝国在巴尔干的领地）地方豪门，形成了自己的财政军事和行政机构，只在形式上承认奥斯曼苏丹的宗主权。

进入19世纪，奥斯曼帝国周期性地面临瓦解的危机。法国大革命后，巴尔干地区人民的民族意识逐渐觉醒，纷纷独立。1804年，塞尔维亚起义，经过1806—1812年的俄土战争获得自治权力。

1821年3月，希腊爆发了反对奥斯曼帝国统治的独立战争，波及伯罗奔尼撒半岛南部各区。10月，希腊军队几乎解放了整个伯罗奔尼撒半岛。1822年1月，希腊宣布独立，成立国民政府。6月，奥斯曼帝国军队对伯罗奔尼撒半岛发动大规模进攻。在海上，希腊小船与装有大炮的奥斯曼海军舰队作战，打得奥斯曼海军溃不成军。但是，希腊军队领导集团内部发生分裂，军政首脑忙于权力争夺，出现了两个政府并存的局面，甚至发生了两次激烈的武装冲突。阋墙之争不仅贻误了战机，而且给外部势力的干涉提供了借口。

1827年10月20日，英、法、俄三国舰队与埃及和奥斯曼联合舰队在纳瓦里诺海湾交战。经过四小时的激烈海战，埃及和奥斯曼联合舰队遭到重创。1830年4月，奥斯曼帝国接受英、法、俄在同年2月3日制订的伦敦议定书，承认希腊独立。

第三章　奥斯曼帝国统治时期

19世纪中叶,沙皇俄国与英国、法国、土耳其、撒丁王国之间,为争夺巴尔干半岛及近东势力范围而展开军事冲突,这场战争被称为"克里米亚战争"。克里米亚战争(1853—1856)是19世纪规模最大的一次国际战争,巴勒斯坦"圣地"问题是引发战争的导火索。

1853年7月初,沙皇尼古拉一世派戈尔恰科夫将军率领17万俄军占领多瑙河两公国。在英、法支持下,奥斯曼帝国态度强硬,3万法军、2万英军和2万奥斯曼帝国部队随时准备增援锡利斯特拉(保加利亚东北部城市)。奥地利也在塞尔维亚边境

1853—1856年,克里米亚战争爆发。下图描绘战争期间,英国军队、战马及装备正在巴拉克拉瓦港从运输船上卸载下来。(图片来源:Photo 12/UIG via Getty Images)

调集 20 万军队，并向沙皇发出最后通牒，要求俄军撤离多瑙河流域两公国。如果奥地利从西部向俄军发动进攻，很可能会切断俄军在多瑙河的补给线，并阻断其主要撤退线路，这样的话，俄军面对南部联军的进攻时将没有退路。

10 月 5 日，奥斯曼帝国对俄宣战，10 月 9 日，限令俄军在 18 天内撤出多瑙河两公国，沙俄断然拒绝。10 月 14 日，沙俄声明对奥斯曼帝国开战。

战争分别在多瑙河、高加索和黑海地区展开。多瑙河三角洲水域宽阔，沼泽丛生，是防止俄罗斯军队从地面进攻君士坦丁堡的关键缓冲区。多瑙河流域的粮食供应，不论对于奥斯曼要塞，还是对于进攻的沙皇俄国军队，都极为重要。所以，当地农民效忠于谁，一直是决定战争胜负的关键。这些农民都是东正教徒，于是，沙俄以把他们从穆斯林统治下解放出来为口号，号召其反对奥斯曼帝国。奥斯曼帝国则采用焦土政策，撤退时烧毁了农作物。沙俄军队攻入多瑙河地区后缺乏补给，因饥饿和疾病不得不放弃进攻。要对奥斯曼帝国首都发起进攻，沙俄必须建立一条海上补给线，通过黑海把物资送到前线部队。

在多瑙河战场上，越过普鲁特河的 8 万沙皇俄国军队与 14 万奥斯曼帝国军队对阵。10 月 23 日，一支沙俄军队小舰队溯多瑙河而上，与奥斯曼军队在伊萨克恰（罗马尼亚城镇）要塞发生第一次炮战。11 月 4 日，奥美尔帕沙统率的 3000 多名奥斯曼军队同戈尔恰科夫指挥的8000多名沙俄军队在奥尔泰尼察(罗马尼亚克勒拉希县境内)进行了一次会战,俄军伤亡800多人后撤退。1854年1月6日至10日,两军在切塔特又展开了一次会战。经过激战,奥斯曼军队攻占切塔特村,沙俄军队伤亡3000人,奥斯曼军队伤亡1000人。此后,沙俄军队一再试图夺回阵地,均未成功。1月9日,沙俄2万援军赶到,向奥斯曼军队发动进攻,但也被击退。

不过,在其他两个战场上,奥斯曼军队遭遇失利,战争形势急转直下。1854年3月20日,帕斯凯维奇元帅率沙俄军队渡过多瑙河,包围了奥斯曼军队驻守的锡利斯特拉要塞。但沙俄军队发动的多次进攻都被击退。6月22日,沙俄军队被迫解除对该要塞的包围。围攻期间,沙俄军队损失约1万人。

同时,英、法政府命令舰队立即开进黑海,直接对沙俄宣战。经过两年的拉锯战,1856年3月,战争双方签订《巴黎和约》(*Peace Treaty of Paris*)。条约规定,沙俄承认多瑙河通航自由,退出比萨拉比亚南部。

黑塞哥维那位于波斯尼亚南部,其居民大部分是信奉天主教的克罗地亚人和信奉东正教的塞尔维亚人。这里一直是反抗奥斯曼帝国统治的策源地,起义运动时兴时衰。沙俄经常向黑塞哥维那起义者提供武器和资金方面的帮助,后者在俄土战争爆发期间投入战斗,抗击奥斯曼帝国。1858年4月末爆发的格

拉霍夫大会战，是起义者取得的最大的一次胜利，起义联合部队和黑山军队共同粉碎了奥斯曼的远征军团，南部黑塞哥维那的一部分脱离奥斯曼帝国，归属黑山。

1875年，巴尔干地区的黑塞哥维那、波斯尼亚、保加利亚相继爆发起义，并很快波及塞尔维亚和门的内哥罗这两个奥斯曼帝国的藩属国。沙俄认为，克里米亚战争的失败削弱了沙俄在巴尔干地区的影响，他们需要寻找一个机会，重新回到巴尔干。更为重要的是，沙俄想通过控制巴尔干，进而控制从地中海进入黑海的咽喉博斯普鲁斯海峡，打通谋求已久的西南方向唯一的出海口。因此，它对奥斯曼帝国局势的恶化幸灾乐祸，并积极介入。

1877年4月，沙俄以解放斯拉夫兄弟的名义对奥斯曼帝国开战，5月，罗马尼亚、塞尔维亚和黑山宣布加入俄方，共同对奥斯曼帝国作战。从战前双方的军力对比来看，沙俄在总体上占有优势。

据统计，当时沙俄陆军野战军共有48个师，72.2万人，加上后备役人员和新兵，总数达140万人，还有3000余门火炮。奥斯曼帝国陆军的正规部队为40.6万人，其中28万人部署在欧洲地区，12.6万人部署在亚洲地区。战时正规军的总数达50万人，另有7万非正规部队，共有野战炮858门。在枪炮的质量和性能上，双方大体相当。在海军方面，沙俄黑海舰队有舰船

39艘,其中装甲舰22艘。奥斯曼海军的黑海舰队有22艘装甲舰、82艘非装甲舰,763门舰炮,官兵1.5万人。

沙俄把巴尔干作为对奥斯曼帝国作战计划的主要方向。多瑙河集团军由小尼古拉大公指挥,下辖7个军,约30万人。奥斯曼帝国的作战计划也以巴尔干为主战场,布重兵19万人于保加利亚境内的多瑙河流域,企图依托多瑙河和巴尔干山脉抗击沙俄军队的攻势。

沙俄军队的主力向多瑙河流域开进,7月初分别从下游和中游渡过多瑙河。从中游渡河的俄军在南岸分兵三路,向奥斯曼军队发起攻击。西路军约3.5万人进攻尼科波尔和普列夫纳,被奥斯曼军队阻挡在普列夫纳城下;东路军7.5万人进攻鲁什丘克,一时亦无战果;南路军约1.2万人,在保加利亚军民的支持下,一举夺占特尔诺沃,并越过巴尔干山,占领了希普卡山口,从而打开了通向博斯普鲁斯海峡和君士坦丁堡的通路。

随后,奥斯曼军队开始发动对沙俄军队的反攻,迫使沙俄军队收缩兵力,将争夺的重点目标定为普列夫纳。沙俄军队先后三次发动对普列夫纳的进攻,损失2万余人,通过围困方式迫使奥斯曼军队于12月10日投降。在兵力兵器等方面,沙俄军队都具有对奥斯曼军队二比一以上的优势。占领普列夫纳之后,沙皇亲自决策,令沙俄军队立即冒着严寒向巴尔干山以南发起攻击。1878年1月,沙俄军队占领索非亚,在舍诺沃战役中俘虏奥斯曼军队3万人，接着又攻占了亚得里亚堡。

沙国取得了军事上的胜利，3月3日，俄土双方代表在圣斯特法诺（距君士坦丁堡12千米）签订了《圣斯特法诺条约》（*Treaty of San Stefano*）。沙俄在巴尔干的势力大为扩张，引起了英、奥等国的强烈不满，于是，他们联合对沙俄施压，沙俄被迫与列强重新订立《柏林条约》（*Treaty of Berlin*）。

根据1878年的《柏林条约》，塞尔维亚、门的内哥罗、罗马尼亚获得独立，保加利亚赢得自治权，奥匈帝国取得波斯尼亚和黑塞哥维那的行政管理权。沙俄在巴尔干的影响受到了遏制，向地中海方向发展海军力量的企图再次落空。

一系列以巴尔干半岛为战场的争夺战，把奥斯曼帝国和欧洲列强再次卷入战争，各国的民族主义情绪越来越高涨，最终触发了第一次世界大战。

烽火逐鹿——巴尔干军事史话

第四章
新世纪的巴尔干格局与第一次世界大战

第一节 列强扩张夹缝中的巴尔干

第二节 两次巴尔干战争中的阋墙之争

第三节 第一次世界大战中的巴尔干战场

第四节 战后条约中的相关军事条约约束

第一节
列强扩张夹缝中的巴尔干

中国历史坐标轴：

1894 年，中日甲午战争。

1898 年，戊戌变法失败。

1900 年，八国联军侵华，次年签订《辛丑条约》。

1911 年，辛亥革命。次年，清朝灭亡。

从 19 世纪开始，被奥斯曼帝国奴役的巴尔干各民族陆续走上民族解放的道路，在不同时期获得独立。这种独立的异步性，势必导致一些巴尔干民族处于与其他民族不同等的地位，相邻民族不再将其视为共同斗争的盟友，而是将其看作潜在的竞争对手。有些民族国家建立以后，开始推行领土扩张政策。还没有建立自己国家的民族，则极易与前者产生民族纠纷。

巴尔干问题成为各种势力斗争的焦点，这些争斗与巴尔干人民的民族独立运动交织在一起，形成了复杂多变的局面。俄国企图利用斯拉夫民族主义扩大自己的势力，欧洲的其他几个大国也纷纷介入，巴尔干内部矛盾被争夺东南欧势力范围的一

第四章　新世纪的巴尔干格局与第一次世界大战

些大国巧妙利用。

1878年召开的柏林会议,使得保加利亚的领土被肢解,马其顿脱离保加利亚。马其顿问题成为保加利亚和塞尔维亚关系的一块绊脚石,两国在马其顿问题上的分歧,使得巴尔干斯拉夫民族之间存在随时爆发战争的危险。柏林会议的议题,也使希腊和奥斯曼帝国的关系尖锐化,双方对谈判的结果并不满意,希腊准备以武力解决领土争端。

然而,解决巴尔干问题,最后的表决权实际上掌握在一些大国手中。

沙皇俄国看中了保加利亚的地理位置。那里是进入地中海的必经之地。如果前往君士坦丁堡,通过博斯普鲁斯海峡和达达尼尔海峡的路径最短,沙皇俄国针对巴尔干的对外政策主要战略目标就在这里。保加利亚宣布独立以后,该国的军官在沙皇俄国接受军事训练,沙皇俄国的军事顾问帮助他们组建了保加利亚军队。保加利亚海军的实际创建者和第一任海军司令,就是一名沙皇俄国海军中将。

英国坚持把保加利亚一分为二,北部在政治上自治,南部在行政上作为奥斯曼帝国的组成部分。奥匈帝国也反对建立统一的保加利亚,以防止沙皇俄国在这个地区的势力进一步增长。

1885年爆发了震惊欧洲的保加利亚危机,分裂的保加利亚要求实现统一,建立"大保加利亚"。塞尔维亚国王认为,强大的保加利亚对于大塞尔维亚向马其顿扩张是一个障碍,同时,他也想利用一场战争巩固其在国内摇摇欲坠的地位。于是,他无视沙皇俄国的意见,以虚构的边境事件为借口,于1885年11月2日向保加利亚宣战。

战争前夕,保加利亚在与塞尔维亚交界的边境上部署了少量的军队。而且,沙皇俄国撤走军事顾问后,保加利亚军队的力量受到很大削弱。好在保加利亚的主力部队通过急行军及时赶到目的地,完成了在塞尔维亚军队主要突击方向的集结。当时,保军有1万人,而塞军有2.5万人。11月17日,双方在斯利夫尼察(Slivnitza,保加利亚西部城市)进行了一次战役。保军率先向塞军左翼发起进攻,试图分散塞军对保军薄弱左翼的注意力,但保军的进攻被击退。保军第一步兵团进行了28小时不间断的强行军,抵达斯利夫尼察的防御阵地五号炮台。塞尔维亚边境的保加利亚部队对塞军实行牵制,成功地延缓了塞军在山地地形上的行军速度,确保了部队组织的整体防御。

第二天黎明,塞军向保军正面和防守较弱的左翼同时发起袭击。由于得到5000人的及时增援,保军再一次击退塞军进攻,并造成塞军的重大伤亡。11月19日,塞军集中两个师发起进攻,袭击卡尔纽(Karnul)附近的保加利亚部队,但进攻再次受挫,当日下午被迫撤退。此战塞军损失3000人,保军伤亡2000人,保军最终取得了斯利夫尼察战役的胜利。

第四章　新世纪的巴尔干格局与第一次世界大战

随后,转入反攻的保加利亚人攻占了塞尔维亚城市皮洛特,并在皮洛特战役中重创塞尔维亚军队。塞尔维亚的失败迫使奥匈帝国和沙皇俄国对战争进行干涉,奥匈帝国要求保军停止军事行动,并威胁保军,称其将面临奥匈帝国军队的攻击。1886年3月3日,保塞双方在布加勒斯特签署和约。根据条款,保塞两国边界保持不变。

保加利亚危机加剧了大国争夺巴尔干的斗争,沙皇俄国丧失了在保加利亚的一系列重要政治筹码,与此同时,沙皇俄国与奥地利和德国的关系恶化,与法国开始接近。

许多塞尔维亚人相信,塞尔维亚只有在军事方面强大到敢与奥斯曼帝国开战,才能成为巴尔干斯拉夫人的领袖,而一旦同奥斯曼帝国开战,俄国一定会帮助他们。塞尔维亚奥布伦诺维奇王朝的米哈伊尔·奥布伦诺维奇大公在位期间,实行了普遍义务兵役制,建立了强大的民兵预备队。塞尔维亚与克罗地亚合作,在贝尔格莱德组建了黑塞哥维那人起义队伍和保加利亚军团,使得巴尔干局势更为紧张。1862年9月,贝尔格莱德发生了塞尔维亚人和奥斯曼土耳其人的冲突事件,奥斯曼帝国军队向塞尔维亚边境集结。1866年,塞尔维亚与黑山签订军事同盟。

沙皇俄国以泛斯拉夫主义立场支持塞尔维亚各民族的统一,企图扩大自己在该地区的影响,与奥匈帝国不断发生争斗。巴尔干各国之间出现矛盾后，各自求助自己的盟友，导致各大国直接或间接地介入冲突，巴尔干地区的紧张形势也不断升级。到20世纪初，奥斯曼帝国的巴尔干已经成为列强利益最集中、战略冲突最尖锐的地区。两个帝国主义军事集团——三国同盟（德国、奥匈帝国和意大利）和三国协约（法国、俄国和英国）——的扩张斗争愈演愈烈。欧洲列强从各自的海外战略需要出发，竞相争夺奥斯曼帝国的遗产。

在周边国家对马其顿虎视眈眈的时候，1893年，"马其顿内部革命组织"（IMRO）成立。这一组织提出"马其顿人的马其顿"口号，主张马其顿获得自治。1903年4月，保加利亚民族主义组织袭击了一艘停留在塞萨洛尼基（希腊北部最大港口）的法国商船。8月2日，马其顿南部爆发大规模的武装叛乱，揭开了伊林顿起义的序幕。奥斯曼帝国迅速出兵镇压，夺回了许多被占领的城镇。由于奥斯曼帝国军队在数量上占有优势，加上起义军内部派系林立、分歧严重，起义逐渐走入低谷。9月29日，起义军总参谋部致信保加利亚政府，呼吁立即进行武装干预。然而，保加利亚政府对此无动于衷，起义最终被奥斯曼帝国镇压，近9000名起义军士兵被处决。这次起义被视为马其顿争取民族独立的重要事件。为了纪念这次起义的战士，1974年，马其顿的克鲁舍沃建立了伊林顿起义纪念碑。后来，8月2日被定为北马其顿共和国日，每年的这一天，北马其顿都会举办盛大活动,纪念这场英勇的斗争。

1905年,沙皇俄国在俄日战争中失败,无力在巴尔干投入过多军力。1908年,奥斯曼帝国爆发革命[1],为列强争夺巴尔干提供了可乘之机。奥匈帝国认为,这是正式吞并已占领的波斯尼亚和黑塞哥维那地区的契机。奥匈帝国制定了作战计划,准备用武力吞并塞尔维亚,并在塞尔维亚边境附近集结100多万军队。1908年10月5日,奥匈帝国皇帝颁布诏书,宣布正式吞并波斯尼亚和黑塞哥维那。塞尔维亚和黑山政府对奥匈帝国的行动表示抗议,塞尔维亚政府决定征召预备役兵员入伍,军界的过激分子要求宣布总动员,准备立即发动战争。德国表示坚决支持奥匈帝国,要求沙皇俄国促使塞尔维亚承认奥匈帝国兼并两省的既成事实。如沙皇俄国继续支持塞尔维亚,德、奥将对俄开战。德国对沙俄重申了这一要求,如果拒绝,奥匈帝国军队将立即对塞尔维亚实施打击。此时,沙俄已经获取了通过博斯普鲁斯和达达尼尔两个海峡的利益,再加上自身军事疲弱,在德奥的恫吓之下只好做出让步。1909年5月24日,沙俄承认波斯尼亚和黑塞哥维那被兼并,奥匈帝国则不反对黑海两海峡对俄国军舰开放。

---

[1] 1908—1909年青年土耳其党人发动了资产阶级革命,反对阿卜杜勒·哈米德二世封建专制统治制度,主要目标是实行君主立宪制。

从外部来看，波斯尼亚危机加剧了沙俄同德奥之间的紧张关系。从内部来看，危机导致波斯尼亚民族主义组织的数量迅速增加。1913年，"青年波斯尼亚"恐怖组织宣告成立。第一次世界大战的导火索，萨拉热窝事件主人公加夫里洛·普林西普就是该组织的成员。

19世纪末20世纪初，欧洲国家对名义上属于奥斯曼帝国的北非沿岸地区的争夺日趋激烈。意大利企图夺取土属的黎波里塔尼亚和昔兰尼加（今属利比亚），作为在北非扩张的前进基地，战争的主要战场在北非。由于巴尔干半岛出现新的战争威胁，奥斯曼帝国内部的危机也日益增长，所以，奥斯曼帝国想尽快结束与意大利的战争。1912年10月18日，奥斯曼帝国与意大利在瑞士洛桑附近的乌希签订和约，奥斯曼帝国将的黎波里塔尼亚和昔兰尼加、多德卡尼斯群岛割让给意大利。奥斯曼帝国军事上的孱弱在这次战争中暴露无遗。1911—1912年的意土战争之后，意大利开始加强在地中海的军事行动，占领奥斯曼帝国在爱琴海上的殖民地。

第一次世界大战前夕，巴尔干大部分国家的各个社会阶层，广泛弥漫着军国主义的群众情绪，它与国家政策性的军国主义互相促进，互相激荡，成为主流的社会思潮。塞尔维亚的"大塞尔维亚主义"、保加利亚的"大保加利亚主义"、土耳其的"泛突厥主义"、奥匈帝国的"塞尔维亚威胁论"等都泛滥起来，扩张、复仇、战争等仇恨的情绪已经到了狂热的地步。政客、记者和教授等在讲演、报纸以及文学艺术作品中到处鼓动战争。这种军国主义的狂热，推动了各国政府积极备战，从而加快了大战的爆发。

第二节

两次巴尔干战争中的阋墙之争

中国历史坐标轴：

1912年1月1日，孙中山在南京宣布成立中华民国南京临时政府。

1912年2月12日，清宣统帝正式下诏退位。

1913年，宋教仁遇刺。孙中山发动二次革命。

在大国角逐巴尔干的同时，巴尔干国家意识到了结成同盟的重要性。1912年3月，塞尔维亚和保加利亚签订同盟条约。条约规定，如果某大国企图侵占巴尔干，双方将采取联合行动。条约中还包括了设立两国武装力量总参谋部的军事协定。5月末，保加利亚又和希腊签订了同盟条约和军事协定，黑山在10月加入该同盟。针对奥斯曼帝国的巴尔干同盟形成，并在10月发动了反奥斯曼帝国的第一次巴尔干战争。

1912年10月9日，门的内哥罗首先对土耳其宣战，塞尔维亚、保加利亚和希腊也先后参战。

希腊集结在拉里萨的军队从谢里亚斯河谷进入马其顿，与

第四章　新世纪的巴尔干格局与第一次世界大战

奥斯曼帝国军队在埃拉索纳发生遭遇战，经过几个小时的战斗，希腊军队打退了奥斯曼帝国军队。奥斯曼帝国军队退到萨兰达波伦（Sarandaporon）隘口防守，经过一天的攻坚战，希腊军队攻占了隘口。10月23日，希腊军队又占领了瑟恩杰（Serndje）。随后，他们从阿里亚克蒙河两岸向维里亚推进，10月30日上午进入维里亚。从拉里萨集结开始，他们已经走了150英里（≈241千米），除了必要的食物和弹药补给外，没有进行任何休整。在维里亚，他们还袭击了从莫纳斯提尔到萨洛尼卡的铁路线。在不远的杰尼察，有三四万奥斯曼帝国军队正在集结，计划保卫萨洛尼卡（希腊中北部港市）。杰尼察战役打得很惨烈，希腊损失了大约2000人，最终取得胜利，开辟了通往萨洛尼卡的道路。与此同时，保加利亚的第七步兵师从北边向萨洛尼卡发起进攻。溃退的奥斯曼帝国军队无力抵抗，于11月8日向希腊军投降。希腊军队离开拉里萨仅仅三个星期，就在途中消灭了大约6万奥斯曼士兵。

在海上，战争刚刚爆发，希腊就宣布封锁所有奥斯曼帝国的港口，并严格禁运奥斯曼帝国的煤炭和机油，目的是让奥斯曼帝国的军事后勤运输处于瘫痪状态。不仅如此，希腊还成功登陆了奥斯曼帝国统治下的所有爱琴海岛屿。可以看出，海军是这场战争中极为重要的力量，而希腊是协约国中唯一拥有海军的国家。希腊海军不仅足以威慑奥斯曼帝国海军，而且还切断了奥斯曼帝国与外部世界的贸易和商业联系，使帝国内部的铁路运输陷入困境，阻止其向马其顿或色雷斯的爱琴海海岸派遣援军，爱琴海岛屿很快就脱离了奥斯曼帝国的控制。

希腊人向马其顿南部挺进时，塞尔维亚军队也穿过塞尔维亚，进入马其顿北部和中部，经过两天的战斗，在库马诺沃大胜奥斯曼帝国军队。之后，塞军继续向南挺进，在普里利普和莫纳斯提尔两次大的交战中再次击败敌人。莫纳斯提尔是希腊向弗洛里纳进军的必经之地。虽然这里已经指定由希腊人管辖，但塞希两个盟国之间的关系并没有受到影响，双方对自己军事领地的范围都感到满意。不过，在瓦尔达尔河以西，保加利亚已没有可供占领的奥斯曼帝国领土。11月底，保军几乎没有遇到抵抗，就轻而易举地占领了马其顿西部和中部地区。

希腊和塞尔维亚从南北方向逼近马其顿，消灭了驻扎在那里的奥斯曼帝国军队。在东色雷斯平原，与敌人主力部队遭遇的任务落到了保加利亚军队肩上。盟军部队的分布是各自的地理位置决定的，保加利亚应对的是集结在色雷斯东部的奥斯曼帝国重兵集团。保军在克基利塞与奥斯曼帝国军队展开激烈的遭遇战，重创了敌军。他们的推进速度极快，战绩频传。几个星期后，保军势不可当，突进至离君士坦丁堡只有几千米的塔津高地，希望在那里庆祝最后的胜利。

精疲力竭的保加利亚人在查塔尔贾稍事休整，又继续前进，

第四章　新世纪的巴尔干格局与第一次世界大战

没有给奥斯曼帝国军队留下防御和重组的时间。但攻占君士坦丁堡并非易事。除了首都及外围，奥斯曼帝国还控制着阿尔巴尼亚北部的斯库塔里、伊庇鲁斯的雅尼娜，亚得里亚堡在保加利亚人严密包围之下，其余的欧洲领土都在盟军的控制之下。政府的无能和腐败，青年土耳其党在军队中注入的政治力量，加上与意大利战争造成的疲惫，使得奥斯曼帝国在几周内就崩溃了。

11月3日，奥斯曼土耳其被迫请求大国调停。12月6日，巴尔干同盟与奥斯曼土耳其代表和列强的大使齐聚伦敦。会上，协约国支持巴尔干同盟，同盟国支持奥斯曼土耳其。奥斯曼土耳其不愿意放弃亚得里亚堡，而保加利亚坚持将其作为必要条件。

由于各自得到大国的支持，双方寸步不让。1913年2月3日，和平会议破裂，双方战火再起。[1]保加利亚人在塞尔维亚两个师的帮助下对亚得里亚堡进行合围，经过三天强攻，在3月26日占领亚得里亚堡，城防司令被俘。土耳其新政府不得不再次求和，4月23日，土耳其新政府被迫接受和平条件。5月30日，土耳

---

[1] 1913年1月23日土耳其内部发生了政变，青年土耳其党内的亲德派得势，成立了亲德政府。新政府成立伊始，自恃有德国撑腰，很快转变谈判态度，拒绝停战条款，遂使和谈破裂。

其新政府与巴尔干同盟签订《伦敦条约》，四国取得了大片领土，土耳其几乎丧失了全部欧洲领土，仅保存了伊斯坦布尔和海峡北面的狭小地区。

战争开始之前，保加利亚和塞尔维亚之间曾经签署了一项《分割条约》（保加利亚与塞尔维亚签署了分割马其顿北部领土的条约），塞尔维亚现在要求修改该条约，并拒绝从条约规定要归还给保加利亚的中马其顿撤军。结果，塞尔维亚和保加利亚两国的关系不断恶化，甚至到了剑拔弩张的状态。保加利亚谴责塞尔维亚背信弃义，塞尔维亚则痛斥保加利亚的贪婪，两个斯拉夫民族由来已久的仇恨之火被迅速点燃。

马其顿实际上处在被塞尔维亚、希腊和保加利亚分割的状态。在东马其顿，保加利亚和希腊也在快速地推进各自的占领范围，置盟友的权利和感受于不顾。两国对于斯特鲁玛河和梅斯塔河之间的领土，尤其是卡瓦拉和奥法尼围成的四边形区域以及亚得里亚堡铁路线城市的问题产生了分歧。保加利亚在查塔尔贾和亚得里亚堡与土耳其人作战时，希腊军队占领了保加利亚军队撤出的地区。保加利亚留下少量军队管理占领地区，希腊毫不犹豫地对他们进行了驱逐。两国基层军事指挥官根据各自指令行事，导致武装冲突频发。3月5日，希腊人和保加利亚人在尼格里塔爆发战争，战事随后蔓延到普拉维什塔、莱夫特拉、潘海翁和安吉斯塔。

第四章　新世纪的巴尔干格局与第一次世界大战

奥匈帝国一直在寻求从马其顿通往爱琴海的出口,在其统治下的数百万塞族人一直坚决反对塞尔维亚的扩张。如今,塞尔维亚及其盟友已经占领了马其顿,封锁了奥匈帝国通往萨洛尼卡的道路。第一次巴尔干战争开始之前,亚得里亚海沿岸地区处于奥地利—匈牙利和意大利的统治之下,因为尽管黑山和奥斯曼帝国(欧洲部分)是其海上邻国,但他们都没有任何海军力量。塞尔维亚如果获得了向西扩张到亚得里亚海的权利,将来可能会对他们构成威胁。因此,出于实际政治需要,奥意希望阿尔巴尼亚独立。这严重威胁到巴尔干联盟的团结,这一联盟已经被嫉妒、敌意、侵略和相互指责所撕裂。

列强阻止塞尔维亚向亚得里亚海进军,塞尔维亚将战略转向了萨洛尼基湾和爱琴海。塞军已经占领了马其顿,他们从阿尔巴尼亚边境向东越过瓦尔达尔河,到达斯特鲁姆尼察、伊斯提布和科查纳,向南到达希腊占领南马其顿的边界。

为了争夺马其顿西半部的三角地带领土,协约国之间爆发了战争。这些领土大部分是在对土耳其的战争中被塞尔维亚军队占领的,而塞尔维亚军队决心不管有没有条约都不撤离。在南部,希腊人占据了三角地带的重要部分。两国政府决定,绝不容忍保加利亚在新塞尔维亚和新希腊之间挑拨离间。保加利亚要求塞尔维亚履行《分割条约》的条款。

接下来的几个月,巴尔干同盟国内部的关系迅速恶化,盟

国之间在马其顿发生了零星的军事冲突。6月1日，希腊和塞尔维亚缔结了反保军事协定，之后罗马尼亚也参加进来，罗马尼亚同意在盟国之间发生战争时进行干预。6月29日，保加利亚突然进攻塞尔维亚，第二次巴尔干战争爆发。

6月30日，保加利亚军队向驻马其顿的塞尔维亚军队发起进攻。7月10日午夜，罗马尼亚占领了西里斯托里亚。与此同时，塞尔维亚和希腊军队与保加利亚人展开激战。

7月12日，土耳其军队离开查塔尔贾的防御工事，越过埃诺斯—米迪亚防线，不到两周时间，土军重新占领了亚得里亚堡和整个色雷斯东部地区。保加利亚无力阻止土耳其人进一步推进。罗马尼亚军队在多瑙河上布设渡河点，7月14日，从保加利亚毫无设防的北部突破，几乎没有遇到抵抗。他们向保加利亚腹地推进，占领了索非亚。保加利亚四面受敌，很快战败。保加利亚战败后，奥匈担心会出现一个强大的塞尔维亚，于是不顾俄国参战的危险，计划从后方进攻塞尔维亚，以援助陷入困境的保加利亚。奥匈希望获得德国的支持，然而德国对此持反对意见。奥匈被迫放弃行动，孤立无援的保加利亚只好求和。

7月28日，和平会议在布加勒斯特召开，8月10日签署和约。根据《布加勒斯特条约》，塞尔维亚不仅获得了已经占领的马其顿的全部领土，而且还获得了部分保加利亚领土。9月29日签订的土保条约中，保加利亚被迫把亚得里亚堡还给土耳其，希腊保留其在战争期间占领的所有爱琴海岛屿。希腊之前从来没有驻军,也未建设海军基地,现在希腊发现,其国家安全完全取决于强大的海军。

　　第二次巴尔干战争导致这一地区的战略格局又一次发生变动。统一的巴尔干同盟已经瓦解,取而代之的是两个对立的巴尔干集团;塞尔维亚、门的内哥罗、罗马尼亚、希腊站到了协约国一方;抱着复仇计划的保加利亚则与德奥不断接近,与土耳其一起站在同盟国一方。

第三节
第一次世界大战中的巴尔干战场

中国历史坐标轴：

1915年5月，袁世凯和日本签订"二十一条"。

1915年12月，护国运动爆发。

1917年8月，中国加入协约国。

1919年1月，中国作为战胜国出席巴黎和会。

第一次世界大战前，欧洲形成了同盟国和协约国两个敌对阵营。同盟国（Central Powers）包括德意志帝国、奥匈帝国、奥斯曼帝国、保加利亚王国、意大利王国（后期加入协约国）；协约国（Triple Entente）包括大英帝国、法兰西第三共和国、俄罗斯帝国、美利坚合众国、塞尔维亚王国、比利时王国、罗马尼亚王国、希腊王国等。大战主要在欧洲大陆进行，在巴尔干战场，塞尔维亚、门的内哥罗以及后来的罗马尼亚、希腊军队为一方，与奥匈帝国、保加利亚军队作战。东线战场从波罗的海南岸到罗马尼亚一线，俄国对德、奥作战；南线战场主要是巴尔干战场，奥匈对塞尔维亚作战。

第四章　新世纪的巴尔干格局与第一次世界大战

1914年7月28日，奥匈帝国对塞尔维亚宣战。当日夜间，奥地利远程炮火和多瑙河舰队重炮开始向塞尔维亚开火。8月，德国、俄国、法国、英国和捷克参战，第一次世界大战开始。

19世纪初，德国军队就设置了总参谋部机构，后来，各国纷纷效仿德国，先后设立参谋部。和平时期武装力量的首脑是国家元首（总统、君主）。陆军部实际负责军队的军事建设、战斗训练、日常生活等。战争准备工作，如制定动员、集中以及布置首批战役任务的计划等，则由参谋部负责。战时，整个武装力量的首脑，名义上也是国家元首，但战区指挥直接由总司令负责。

奥匈陆军编成约150万人，辖3个集团：第一集团对俄行动；第二集团针对南方斯拉夫国家，战略是防御；第三集团为预备队，负有双重使命：如奥匈只对塞尔维亚一国作战，该集团和第二集团以及部分第一集团兵力将同时开往奥匈东南边境，迂回打败塞军；如同时对沙俄作战，则第二集团调增第一集团，南线只用8个步兵师对付。

在海军方面，奥匈海军驻泊亚得里亚海，包括两个战列舰分舰队、一个巡洋舰总队、两个驱逐舰队、一个潜艇区舰队。军港主要有波拉（今属克罗地亚沿海城市普拉）和卡塔罗（今黑山沿海城市科托尔）。

意大利海军的主要任务是封锁波拉的奥匈舰队，次要任务包括保护本土与阿尔巴尼亚（后来还有希腊）之间的海上交通线。

8月12日，法国向奥匈帝国宣战，舰队驶入亚得里亚海，打破了奥匈海军对黑山的封锁。8月16日，法国舰队和随行的英国装甲巡洋舰在黑山的安提伐利港（今黑山沿海城市巴尔）外，与奥匈的巡洋舰和驱逐舰遭遇。法国战列舰击沉敌巡洋舰，驱逐舰逃脱。1914年9月，法国战列舰两次炮轰卡塔罗后，奥匈与英法的海战便只在轻型舰艇和潜艇之间进行。奥匈海军布设水雷和潜艇偷袭，迫使法国放弃了将安提伐利作为黑山和塞尔维亚战线补给港的打算。

1915年2月24日，奥匈帝国布设的水雷击沉了法国驱逐舰短剑号（Dague）。4月27日，在奥特朗托海峡巡逻的法国装甲巡洋舰莱昂·甘必大号（Léon Gambetta）被奥匈帝国潜艇U5号击沉，近700名法国船员丧生。

1915年5月24日，意大利向奥匈帝国宣战，同新盟友一起炮轰亚得里亚海对岸的信号站、灯塔和铁道线。

6月10日，在南亚得里亚海，奥匈帝国潜艇U4号布设水雷，炸沉了英国轻型巡洋舰都柏林号（Dublin）。7月18日，这艘潜艇还击沉了意大利装甲巡洋舰加里波第号。

南亚得里亚海发生的海战是围绕着意大利与巴尔干半岛之间的海上交通线进行的。1915年10月，保加利亚正式向协约国宣战，切断了从萨洛尼卡通往塞尔维亚的道路。此后，黑山和阿尔巴尼亚的港口成为巴尔干战线的主要补给点。这里的海上交通线显然是一个诱人的目标，因此，奥匈海军自1915年11月起对其进行了一系列袭击。

在陆地战方面，8月12日，奥地利军队开始向贝尔格莱德发动大规模进攻，塞尔维亚军队顽强防守。奥地利陆军的装备非常陈旧，野战炮不仅在配置比例上少于其他国家，炮的射程也比较短，而且士兵缺乏足够的训练，战术能力欠缺。步枪有三分之二是旧式的，已使用四分之一世纪之久。8月16日，双方在采尔山脉血战，奥地利进攻受挫。奥匈军官没有安排小规模战斗队形隐蔽作战，而是把士兵编成数个冲锋纵队，命令他们攻上有机枪和榴霰弹把守的陡坡。而且，奥匈军官认为掘壕固守是懦夫的行径，所以奥匈部队根本没有受过挖战壕的训练，大部分奥匈步兵在行军途中都把挖壕器材丢掉了，这时，他们只能用双手挖出浅浅的散兵壕。在行动初期，奥匈帝国的军队一直未能适应现代火力，众多士兵紧挨在一块向前猛冲，成为敌人的活靶子。塞尔维亚人看出了这一点，于是诱引敌人进攻，然后使用火炮和机枪消灭敌军，就这样，奥匈帝国军队陷入交叉火网的包围之中。

经过四天的激烈战斗，塞尔维亚转入反攻，8月24日把敌人打回到出发地带，敌伤亡总计2.8万人。《好兵帅克》的作者

哈谢克以自己在奥匈帝国军队服役时获得的大量素材,淋漓尽致地描述了奥匈帝国军官凶恶专横以及军队腐败堕落的状况。

经历这次惨败之后,奥匈帝国放弃新的攻势,采用了阵地战方式。由于塞尔维亚在第二次巴尔干战争中消耗巨大,军队的弹药和装备难以进行及时补充,因此弹药严重不足,据说奥地利打一百发炮弹,塞尔维亚只能还击一发。11月初,奥匈帝国巴尔干集团军成功越过德里纳河,负责阻击的塞第二、第三集团军被击溃,放弃德里纳河防线。11月3日至5日,双方在科伦巴拉河右岸展开决战,奥军对塞军发动了一次大规模攻势。为了保存有生力量,塞军有组织地后退到科伦巴拉河。12月2日,奥匈攻占贝尔格莱德后,高估了塞第一集团军的损失,将脆弱的南部前线暴露给了塞军。此时,俄国和法国及时给塞军提供了炮弹支持。12月3日,塞第一集团军发动反攻,逼迫奥匈帝国军队撤回科伦巴拉河对岸;12月12日,塞第二集团军发动反攻,奥匈第五集团军撤出贝尔格莱德。奥匈帝国军队遭受巨大损失,全部撤出了塞尔维亚领土。

科伦巴拉战役是塞尔维亚军队取得的最辉煌的胜利之一。在半个月的战斗中,奥匈帝国投入45万人,阵亡2.8万人。此后十个月,奥匈帝国放弃对塞尔维亚发动进攻,局势暂时得以稳定,塞尔维亚也得到了短暂的喘息机会。

1915年6月,塞尔维亚军队进入阿尔巴尼亚,占领了首都

第四章 新世纪的巴尔干格局与第一次世界大战

地拉那。同时,黑山军队进入阿尔巴尼亚北部,占领四库台和布内河流域。9月6日,德国和保加利亚签订同盟条约,参加中欧同盟国作战。9月末,保加利亚和德国的65万大军进攻塞尔维亚和马其顿,10月5日,奥匈帝国也向贝尔格莱德发起进攻。20万塞尔维亚军队虽然奋勇血战,但两个星期后全线溃退。英国和法国的远征军试图从萨洛尼卡增援塞尔维亚,被保加利亚军队击溃。到11月初,塞尔维亚实际上已不复存在,残余人员最后退到亚得里亚海滨。1916年初,塞尔维亚皇室在希腊的科孚岛成立流亡政府,改编军队,此时,塞军的士兵和军官总共只有12万人。国王撤换了军队的全部高级指挥人员。1916年,这支塞尔维亚军队来到希腊北部,同希腊、法国、俄国军队一道组成了所谓的萨洛尼卡战线,一直持续到1918年秋天。

看到继续抵抗也毫无希望,黑山王国的部分政府要员和高级军官离开了国家。士气低落的黑山军队人心涣散,纷纷逃离部队,部分士兵向奥地利缴械投降。

第一次世界大战初期,罗马尼亚选择了中立。1916年8月,罗马尼亚参加协约国作战。为了保证罗马尼亚军队顺利进攻,阻止保加利亚军队从南部进攻罗马尼亚,协约国军队在萨洛尼卡地区发起牵制性攻势。同盟国希望占领罗马尼亚首都,从而迫使罗马尼亚退出战争。8月27日,罗马尼亚对奥匈帝国宣战,派部队攻入特兰西瓦尼亚,同盟国陷入危机,奥匈帝国的南部侧翼防线延长了数百千米。但是，罗马尼亚军队的装备及弹药储备不足，军官缺乏指挥才能，士兵的素质也极为低下。而德军组织的同盟国军队与罗马尼亚军队相比，在部队经验、武器装备和指挥才能方面都具有更大的优势。1916年底，罗马尼亚三分之二的国土被占领，同盟国军队于12月占领布加勒斯特和瓦纳基亚。1917年爆发的二月革命破坏了沙俄对罗马尼亚的支持，使罗马尼亚战场局势恶化。然而，美国的参战，加速了第一次世界大战的结束，经历了重大损失后，罗马尼亚最终以"协约国"的名分赢得了战争。

1915年，保加利亚与德国、奥匈帝国、奥斯曼土耳其签订秘密协议，组成保、德、奥、土四国军事同盟。10月1日，保加利亚动员85万大军，斐迪南沙皇下令向塞尔维亚宣战。保加利亚一路占领马其顿全境，并穿越科索沃，深入到阿尔巴尼亚和希腊边境地区。1916年9月，保加利亚向罗马尼亚宣战。在德国人的指挥下，保加利亚军队占领了整个多布罗查地区，并在12月攻陷了罗马尼亚首都布加勒斯特，又将战线推移到摩尔多瓦附近。

1917年6月，巴尔干的希腊也加入协约国，并投入战斗。十多万塞尔维亚军队在逃出本土后，经过几个月的休整，与协约国军队一起在萨洛尼卡参加了对保加利亚的战斗。由于战线太长，保加利亚军队此战遭受重创，保加利亚的处境越来越艰难。

1918年9月15日至18日，英、法、塞尔维亚和希腊等协约国军队，突破了保加利亚及其盟国军队驻守的多勃罗平原防线，彻底击败了保加利亚军队。1918年9月29日，保加利亚与协约国签订媾和条约。

第四节

战后条约中的相关军事条约约束

中国历史坐标轴:

1922年4月,第一次直奉战争爆发。

1924年12月,孙中山北上。

1918年是第一次世界大战的最后一年,经过三年多的战争,交战各国的战争资源已经到了枯竭的边缘。7月,战略主动权又回到了协约国手中。

1918年9月29日,保加利亚向协约国投降;10月31日,奥斯曼土耳其投降;11月3日,奥匈帝国宣布投降。11月11日,德国正式投降。第一次世界大战宣告结束。

第一次世界大战结束后,列强国家之间的争霸出现了新的局面。同盟国战败,摧毁了四大帝国。战胜国英国、法国、美国、意大利都有自己的霸权计划,而巴尔干国家成了他们谋取世界区域性霸权的工具和筹码。1919年1月18日,巴黎和会在法国凡尔赛宫召开,参加和会的,除了各大国外,还有曾经参与协约国作战的国家。

第四章　新世纪的巴尔干格局与第一次世界大战

1919年9月10日，协约国与奥地利签订《圣日耳曼条约》（德语：*Vertrag von Saint-Germain*），主要目的是约束同盟国军事力量。条约规定，奥地利承认塞尔维亚—克罗地亚—斯洛文尼亚王国（1929年改称南斯拉夫王国）的独立，还把巴尔干地区的国家进行了割让和组合。条约中的军事条款规定：奥匈帝国解散武装力量，仅保留维持国内秩序所必需的人数；废除强迫征兵制，陆军不超过3万人；帝国的海军舰队将被解散，交出所有大型军舰和舰艇，仅保留国土内河和沿海的巡逻艇；奥地利负担军事赔款，在30年内付清；商船和渔船要作为赔偿费交给战胜国。

战争中，奥匈帝国与法国、意大利和英国组成的同盟之间，曾经在亚得里亚海这片狭窄的水域里进行了激烈的霸权争夺战。战争爆发后，法国向奥匈帝国宣战，舰队驶入亚得里亚海，打破了奥匈海军对黑山的封锁。这项封锁任务由部署在卡塔罗的奥匈舰队执行。奥匈海军一直让协约国感到极为头痛，法国海军曾希望引出奥匈海军部署在波拉的作战舰队，与其进行一场舰队决战。1914年12月21日，奥匈潜艇U12号险些击沉法国无畏舰让·巴尔号（Jean Bart）。这也是协约国在军事条约中要求革除其海军力量的原因。

11月27日，协约国与保加利亚签订《纳伊条约》（Treaty of Neuilly）。条约规定：保加利亚将部分地区分别划给罗马尼亚、塞尔维亚—克罗地亚—斯洛文尼亚王国；部分地区暂由战胜国

代管。军事条约规定,保加利亚取消义务兵役制,实行志愿兵役制,军队总数不超过2万人,包括3个步兵师(每个师有16个步兵营)和4个骑兵团。每个步兵师由3个步兵营组成。每个营包括3个步兵连和1个机枪连。这些师分别用于守护卫东

第四章 新世纪的巴尔干格局与第一次世界大战

1919年,第一次世界大战结束后,在法国巴黎凡尔赛举行和平会议。

部边界、多布罗加和铁路线。军官,包括参谋人员和特种部队人员的比例,不得超过现役军人总数的二十分之一,士官的比例不得超过现役军人总数的十五分之一。在装备方面,1920年代使用的步枪总数保持在3.3万支以下。105毫米及以下口径的

弹药,最大库存减少到 1500 发以下,更大口径的炮弹配量减少到 500 发。保加利亚可以建立一支自愿征募的特别边防部队,但人数不得超过 3000 人。保留一所军事学校,只作为授权单位征聘军官培训之用。不得建造新的防御工事或设防地点。解散空军营,不得拥有空军,仅保留 4 架飞机、7 名飞行员及 8 名观察员。取消海军。负担赔款义务,在 37 年内支付 22.5 亿金法郎,这一数额相当于战前保加利亚国民财富的四分之一。

第一次巴尔干战争结束后,保加利亚成为最大受益者,获得爱琴海的部分海岸线,这意味着保加利亚的船只及军舰可以驶入爱琴海,为保加利亚成为区域性强国奠定了基础。但是,《纳伊条约》签订后,保加利亚将爱琴海沿岸地区的西色雷斯割让给希腊,丧失了爱琴海的海岸线。没有自己的海港,保加利亚也就失去了建立海军的能力。

1918 年末奥匈帝国崩溃后,匈牙利苏维埃共和国的红军成功地开展了保卫国家边界的战斗。然而,在 1919 年的匈牙利—罗马尼亚战争中,匈牙利最终还是被罗马尼亚、塞尔维亚、美国和法国军队击败。1920 年 6 月 4 日,协约国同匈牙利政府签订了《特里亚农条约》(*Treaty of Trianon*)。条约规定,承认克罗地亚、斯洛文尼亚与塞尔维亚合并,部分地区归属罗马尼亚,部分地区归属塞尔维亚—克罗地亚—斯洛文尼亚王国;多瑙河置于战胜国控制之下。军事条约规定,取消匈牙利的强迫征兵制,仅允许保留 3.5 万陆军;军队禁止拥有坦克及重型装甲车辆;禁止拥有空军;海军只可在多瑙河上保留 3 艘巡逻舰艇,其境内原属奥匈帝国多瑙河舰队的浅水重炮舰赔偿给罗马尼亚和南斯拉夫。第一次世界大战后,匈牙利失去了 72% 的领土和唯一的出海口,还要担负 22 亿金法郎的赔款。1922 年 1 月 1 日,匈牙利国民军被重新命名为匈牙利皇家军队。1937 年,匈牙利宣布废除《特里亚农条约》的军事条款。

1920 年 8 月 10 日,协约国同奥斯曼帝国签订了《色佛尔条约》(*Traité de Sèvres*,又译《塞夫勒条约》)。条约规定,奥斯曼帝国在巴尔干的领土由意大利和希腊等国瓜分,有条件地保留君士坦丁堡;奥斯曼帝国将亚洲本土的伊兹米尔割让给希腊。军事条约方面,黑海海峡地区由国际共管,无论平时和战时,所有国家的商船和军舰都可以自由通航,奥斯曼帝国只准拥有 5 万人的军队和 13 艘军舰(7 艘小汽艇和 6 艘水雷艇)。

《色佛尔条约》的签订,实际上把奥斯曼帝国推到了亡国的境地,激起了土耳其人民的反帝怒潮。在凯末尔的领导下,土耳其打败希腊,取得了民族解放的胜利,在 1923 年废除了该条约。[1] 取而代之的《洛桑条约》(Treaty of Lausanne)成为协约国与土耳其的正式合约。条约规定,在土耳其中立的情况下,无论平时还是战时,军舰和军用飞机可以自由通航;在土耳其参战的情况下,中立国军舰有通过海峡的自由,交战国军舰的通行,则由土耳其来决定。

在这些条约中,我们不难发现,在坦克、军舰和飞机等大型进攻性武器装备的发展方面,各个条约对同盟国即战败国家进行了严格的限制和约束。战争是军事发展的强劲动力,在第一次世界大战中,这些新式装备的使用,无疑促进和完成了陆海空各军种的分工,给敌方造成了巨大的威胁。

在陆军方面,当时不仅出现了应对空中目标的高射炮,还出现了自行火炮等大型军事装备。大战后期,主要火炮射程已经超过10千米,火炮的口径也不断增大,先后出现了203—280

---

[1] 1920年4月以凯末尔为领导的土耳其民族主义者于安卡拉成立了土耳其大国民议会,建立以其为首脑的国民政府。大国民议会认为《色佛尔条约》损害土耳其人利益和主权,对之不予承认。1922年,土耳其在对希腊的战争取得决定性胜利后,协约国同意废除《色佛尔条约》,并于瑞士洛桑重新展开和谈。11月1日,土耳其大国民会议通过法案,宣布结束奥斯曼帝国600多年的封建统治。1923年7月24日,土耳其与协约国签订《洛桑条约》,取代《色佛尔条约》。10月29日,土耳其共和国宣告成立,凯末尔被选为共和国第一任总统。

毫米榴弹炮和220—240毫米加农炮。在海军方面,军舰的吨位不断增大,动力以燃油代替燃煤,潜艇的作战能力也不断提高。此外,在大战后期,还首次出现了载有飞机的航空母舰。

在空军方面,首次使用飞机是在战前的第二次巴尔干战争中,虽然它只能承担侦察、通信等简单任务,但其续航能力和飞行速度都有了长足的提高。在第一次世界大战中,固定式机枪被安装在飞机上,飞机还有了最初的携弹轰炸功能。1918年,在斯洛文尼亚的多布雷波列,英国对保加利亚的战斗中,保加利亚士兵们艰难地穿过狭窄的山谷争相逃命时,"英国飞行员翻开了现代战争史上的新篇章"。英军采用地毯式轰炸加机枪扫射的方式,来对付"那些营养不良、衣不蔽体的保加利亚人,简直像屠杀一样"。空中力量的出现,意味着军队战败撤退不再是获得安全保证的方式。

此外,第一次世界大战中还出现了化学武器。1915年4月,德军使用液氯钢瓶吹放具有窒息作用的氯气,给英法联军造成很大伤亡,开创了大规模使用化学武器的先例。

第一次世界大战中形成的帝国主义之间的力量对比基本固定下来,但各个列强国家的利益不仅不同,而且相互冲突,他们之间的矛盾在新的条件下很快激化起来。而战败国,特别是德国,在新的形势下也出现了新的变化。用固定的模式制约不断变化发展的国家关系,这种片面思维是注定要失败的。

烽火逐鹿——巴尔干军事史话

第五章
两战之间的巴尔干与第二次世界大战

第一节 两战之间的巴尔干地区军情

第二节 第二次世界大战中的巴尔干国家

第三节 南斯拉夫失陷与"瓦尔特"的抗争

第四节 第二次世界大战结束与巴尔干预热"冷战"

第一节
两战之间的巴尔干地区军情

中国历史坐标轴：

1926 年 3 月，中山舰事件。

1927 年 8 月，南昌起义。

1931 年 9 月，"九一八事变"爆发。

1937 年 7 月，卢沟桥事变。

第一次世界大战之后，南斯拉夫王国成立，汇集塞尔维亚、克罗地亚和斯洛文尼亚，形成南斯拉夫联邦国家。同时，保加利亚、罗马尼亚、阿尔巴尼亚等独立国家也在战争结束后相继成立。这些新兴国家对整个巴尔干地区在政治、军事和地缘层面上产生了重要的影响。

1918 年 12 月 1 日，塞尔维亚国王统一南斯拉夫各国后，宣布成立塞尔维亚—克罗地亚—斯洛文尼亚王国，1929 年改称南斯拉夫王国。南斯拉夫王国是多民族的欧洲国家，国土面积 24.8 万平方千米，人口 1200 万。

1920 年，南斯拉夫、捷克斯洛伐克和罗马尼亚组成被称为

第五章　两战之间的巴尔干与第二次世界大战

小协约国的军事政治同盟，签署了一系列双边协定。1920年8月14日，捷克斯洛伐克和南斯拉夫签订同盟条约；1921年4月23日，捷克斯洛伐克和罗马尼亚签订了包括军事协定在内的同盟条约；1921年6月7日，罗马尼亚和南斯拉夫签订了类似的同盟条约，这一协议主要是针对保加利亚的。小协约国同盟主要针对匈牙利，各成员国签订条约，这些互助条约要求在匈牙利进攻或者罗马尼亚—南斯拉夫受到保加利亚侵略的情况下提供援助。条约背后的支持者是法国，法国把这一军事同盟视为扩大自己在巴尔干的影响以及抑制俄国的重要工具，而南斯拉夫在军事上几乎完全依靠法国提供的武器和贷款。

1919—1922年，希腊和土耳其之间爆发战争。1920年6月22日，希腊军队兵分两路进攻土耳其。一路从伊兹密尔出发，在一个月内相继攻占了两座重要城市；另一路在英国军舰的护送下，登陆并占领了北方重镇亚得里亚堡。两路大军继而向安卡拉方向推进。在凯末尔的号召下，土耳其人民纷纷加入国民军。在1921年1月的一次战役中，1.5万国民军打退了6万希腊军队的进攻，取得了第一次重大军事胜利。土耳其请求俄国给予军事援助，双方签订友好条约。1921年7月，近十万希腊军队在300多门大炮的掩护下，向安纳托利亚腹地继续推进，逼近距离安卡拉40英里（≈64千米）的地区。凯末尔指挥5万名国民军与希腊军队展开决战，终于在9月13日打退了希腊的进攻。1922年8月,土耳其国民军发动反攻,突破了希腊阵地,并长驱直入,直抵马尔马拉海岸。9月9日收复伊兹米尔,俘虏希腊军队5万人,解放了安纳托利亚的全部领土。10月11日,土耳其与协约国代表签订《穆达尼亚停战协定》。战争期间,土耳其从军事和外交两个方面进行斗争,军事上的胜利为外交创造了有利条件,外交的成功反过来也促进了军事上的胜利。1923年7月的《洛桑条约》正式承认土耳其的独立和主权。

1923年8月27日,阿尔巴尼亚划界委员会成员、意大利将军恩里克·泰利尼(Enrico Tellini)在希腊境内被暗杀。8月29日,墨索里尼提出让希腊道歉、缴纳50万英镑赔款等要求,并发出最后通牒。要求没有获得满足,意大利派遣舰队,出兵占领希腊的科孚岛。希腊人被迫让步,他们向意大利道歉,并支付了赔偿款,意大利在国际社会的压力下撤兵,史称"科孚危机"。

1926年11月,意大利和阿尔巴尼亚签订友好安全条约,阿尔巴尼亚成为意大利的庇护国和保护国。1927年11月,阿尔巴尼亚和意大利签订防务联盟,成为意大利的附庸。意大利控制了阿尔巴尼亚的防御工事,意大利军官取代了训练阿尔巴尼亚宪兵的英国军官。1939年,法西斯政权决定占领阿尔巴尼亚。3月25日,墨索里尼向阿尔巴尼亚政府发出最后通牒,要求阿政府承认意大利对阿尔巴尼亚的占领。国王佐格拒绝了这一要

第五章　两战之间的巴尔干与第二次世界大战

求,4月7日,意大利军队入侵阿尔巴尼亚,阿尔巴尼亚军力薄弱,几乎没有抵抗,于4月10日被占领。意大利控制了阿尔巴尼亚,阿武装部队实际成为意大利军队的一部分。

1930年在雅典,1931年在伊斯坦布尔,1932年在布加勒斯特,1933年在萨洛尼卡,南斯拉夫、土耳其、希腊和罗马尼亚接连举行四次会议,商讨彼此间的安全保障问题,矛头针对意大利和保加利亚,因为保加利亚对所有签署国领土提出了修正要求。1934年2月9日,四国在贝尔格莱德初步谈判后,在雅典签订了新的军事政治同盟——巴尔干公约(亦称《巴尔干协商公约》),商定再一次相互保证缔约国巴尔干边界的安全,维持战后现状。然而,到1938年,巴尔干公约实际上已经不复存在。英国和法国没有兴趣在东欧对抗纳粹德国。同时,巴尔干协约国的所有成员国在经济上都与纳粹德国结盟,巴尔干协约的签署国从未执行过其中的任何条款。

罗马尼亚既是小协约国成员,又参加了英法支持的巴尔干公约,在外交政策方面一直执行亲法路线。

1933年,希特勒在德国上台后,随着德国经济、政治等方面的影响,罗马尼亚的亲法色彩逐渐减弱,开始执行与德国接近的方针,这对罗马尼亚法西斯组织铁卫军的活动产生了鼓舞作用,希特勒也将罗马尼亚视为战备基地,为其提供培养经费和武器装备。1935年,罗马尼亚同德国签订《罗德通商航海条约》，条约包括罗马尼亚从德国购买军火的协定。1938年12月29日，罗马尼亚外交大臣公开表示，罗马尼亚"既不偏向轴心，也不偏向西方"。1939年3月23日，罗马尼亚与德国缔结经济协定，德国为罗马尼亚提供军事物资，并为其军火工业提供资金。

南斯拉夫在巴尔干扮演的领袖角色，有助于德国摧毁法国在巴尔干国家的军事政治同盟体系。1930年代，南斯拉夫开始与德国接近。到1938年，德国在南斯拉夫的对外贸易中跃居首要位置。南斯拉夫空军的老式双翼飞机换成了德国造的梅塞施米特式新式飞机。

保加利亚在巴尔干具有重要的战略地位，也是英法在巴尔干地区的突破口和"薄弱点"。1935年和1937年，德国财政部部长沙赫特和外长诺伊拉特分别访问保加利亚，受到保加利亚沙皇鲍里斯三世的"友好接待"。德国允诺向保加利亚提供大量武器，支持保加利亚对邻国的某些领土要求。在德国的斡旋与撮合下，1937年1月，保加利亚和南斯拉夫签署永久友好条约，3月，南斯拉夫与意大利签订中立协定。这一协定改善了南斯拉夫与意大利的关系。南斯拉夫首相宣称，南斯拉夫同西部伟大联邦意大利的友谊是"维护和平的强大因素"。

1938年3月12日，德国和保加利亚签订了贷款3000万马克提供武器的条约，贷款从1942年开始偿还，武器在两年内交付。1934年后，保加利亚军队扩大到4个集团军和8个步兵师,这是对《纳伊条约》的严重蔑视。保加利亚的军用航空是在意大利和德国的援助下建立起来的。1930年代中期,保加利亚空军装备了约80架战斗机,编成7个空军联队(3个侦察联队、3个战斗机联队和1个轰炸机联队)。保加利亚通过与巴尔干条约成员国签订的《萨洛尼卡互不侵犯条约》(1938年7月31日)获得了无限制军备的权利。到1940年底,保加利亚已经拥有了约300架作战飞机。保加利亚海军以黑海的瓦尔纳为基地,在1939年装备了4艘旧式鱼雷艇、5艘机动鱼雷艇。1939年9月15日,保加利亚宣布在世界军事冲突中严格恪守中立。

1939年4月7日,意大利出动一个步兵师和4万特种兵,在400架飞机的掩护下入侵阿尔巴尼亚,经过三天进攻,占领阿尔巴尼亚全境。意大利军队收编了阿武装部队,意大利顾问被安插在阿各级政府中。墨索里尼企图以阿尔巴尼亚为跳板,进而占领南斯拉夫和希腊,实现称霸地中海的计划。4月9日,法国政府宣布,如果意大利进攻希腊,法国和英国将援助希腊。4月13日,英国首相张伯伦在下院宣布,在希腊和罗马尼亚遭到威胁时,英国政府将为希腊和罗马尼亚提供一切援助。土耳其与保加利亚存在领土纠纷,一直倾向英法,土耳其表示,将奉行"密切同情"英国的政策,"在地中海的任何冲突中,土耳其都自动站在大不列颠一边"。

第二次世界大战爆发前期,德国和意大利加紧了与英国和法国进行地区争夺和渗透的步伐,两大帝国主义集团在中欧和巴尔干的矛盾日益尖锐。双方利用中欧和巴尔干各国因为第一次世界大战遗留的领土纷争,争取把那些国家拉入各自的势力范围。

两战之间,各国间强烈的厌恶和彼此的不信任,导致他们绝不可能团结起来反对共同的敌人。在这种状态下,很快就烽火四起。和1914年的情形一样,1939年,巴尔干在四分五裂的状态下又被卷入新的世界大战。

第二节
第二次世界大战中的巴尔干国家

中国历史坐标轴：

1937年12月，日本侵略军占领南京，制造惨绝人寰的大屠杀。

1938年3月，中国军队取得台儿庄大捷。

1945年4月，湘西会战大捷，中国抗日转入反攻阶段。

1945年8月，日本法西斯宣布无条件投降，抗日战争结束。

第二次世界大战爆发后，希特勒着手向具有重要战略地位的巴尔干地区扩张，主要目的是把巴尔干作为进攻苏联的前进基地，掠夺这一地区的战略物资和资源，为进一步扩大战争做好物质准备。

1939年10月19日，英国、法国和土耳其三国签订互助条约，规定如果英国和法国援助罗马尼亚、希腊引发战争，或某个欧洲国家进攻土耳其，三国应实施互助。1940年9月27日，德国、意大利和日本三国在柏林签订酝酿已久的《三国同盟条约》（*Tripartite Pact*，又称 *Berlin Pact*），这一条约的签订，使各大国在巴尔干的矛盾更加尖锐化。

1940年9月27日,德国、意大利和日本三国外交代表在柏林签署《三国同盟条约》,成立以柏林—罗马—东京轴心为核心的军事集团。

在战前的几年中,德国就已经大规模向巴尔干进行经济渗透,罗马尼亚、保加利亚、南斯拉夫和希腊的对外贸易都倚重德国。由于匈牙利、保加利亚、罗马尼亚之间有领土纠纷,德国也利用这些矛盾,扩大德国在此地区的影响力。

罗马尼亚和苏联的乌克兰接壤,这里也是德国和苏联争夺的重要目标。1940年6月,苏联政府向罗马尼亚发出最后通牒,要求从6月28日起,罗马尼亚军队在四天之内从比萨拉比亚和北布科维纳撤军,那两个地区由苏联军队接管。在强大的压力下,罗马尼亚政府被迫接受撤退条件,并将那两个地方纳入苏联领土范围。

第五章　两战之间的巴尔干与第二次世界大战

此时，罗马尼亚已经失去了英法的支持，德国趁虚而入。9月6日，在希特勒的支持下，罗马尼亚发生政变，法西斯铁卫军被宣布为罗马尼亚的唯一合法政党，倒向德国。9月20日，德国以向罗马尼亚派遣"军事使团"为名，占领了罗马尼亚的战略要地及石油产区，10月12日，德军占领罗马尼亚全境，11月23日，罗马尼亚加入德意日三国军事同盟。

保加利亚在经济和战略上都对德国具有重要意义。保加利亚对罗马尼亚有领土要求，还想从希腊得到一条进入爱琴海的通道。德国利用保加利亚这一扩张欲望，在1940年9月7日逼迫罗马尼亚签署《克拉约瓦条约》，将南多布罗加割让给保加利亚。11月17日，鲍里斯三世同希特勒商定，同意加入三国条约。1941年2月，德军元帅李斯特访问保加利亚，促成保加利亚为过境德军提供粮食和运输工具的合约，并达成进攻希腊的秘密协议。2月28日，德军跨过多瑙河，进驻保加利亚，3月1日，保加利亚总理签字，加入德意日三国军事同盟。

保加利亚军队并没有积极参与德国对南斯拉夫和希腊的入侵和征服，但军队占领了马其顿和希腊以及西色雷斯的大部分地区。尽管柏林试图说服保加利亚出兵对抗苏联，但保加利亚的军事行动仅限于在马其顿和色雷斯的驻军任务。随着1944年春天苏联红军向保加利亚北部边境进军，由共产党人组成的"祖国阵线"联盟得到了越来越多的支持。保加利亚试图与美国或英国达成和平协议的努力失败。在苏联的不断施压下，保加利亚对德国宣战。红军随后占领了保加利亚，并任命祖国阵线的成员进入政府。新政府服从莫斯科，将45万保加利亚士兵派往红军前线，参加在南斯拉夫和匈牙利的作战，伤亡3.2万人。

面对德国在巴尔干的扩张，意大利也不甘落后。1940年10月15日，墨索里尼在威尼斯宫召集军士将领，决定入侵希腊。总参谋长巴多格里奥指出，陆军兵力不足，而且海水太浅，海军无法保证登陆，如果开战，恐难速战速决。但墨索里尼还是决定不惜一切代价进攻希腊。意大利最高统帅部制定了进攻希腊的详细计划，准备动用8.7万人入侵希腊，装备包括163辆坦克、近700门火炮、380架飞机以及54艘大型水面舰艇。

10月28日，意大利第三集团军从意占领的阿尔巴尼亚向希腊突然发动进攻。第一次进攻投入11个师，随后增加到16个师，进而又增加到25个。希腊军队前线的抵抗兵力只有4个师，在突然袭击下节节败退。希腊居民奋勇抗战，很快顶住了意军的攻势，并掌握了战争的主动权。英国为保住在希腊的海空军基地，向希腊提供500万英镑的贷款，并派出军事代表团和4个飞行中队以及数艘军舰，前往希腊参战。

11月中旬，希腊军队发起反攻，意大利军队于11月21日全线撤退，不仅撤出希腊，还丢弃了阿尔巴尼亚的部分领土。意大利在希腊的惨败，让墨索里尼恼羞成怒，于1941年1月和

第五章　两战之间的巴尔干与第二次世界大战

3月意军又发动了两次对希腊的大规模攻势，但结果都以失败告终。

英国是希腊的盟国，丘吉尔政府决定援助希腊。1941年3月4日，英国军队6.8万人迅速调往希腊，在地中海给意大利舰队以沉重的打击。墨索里尼向德国求援，这正好给了德国一个入侵希腊的好机会。

4月6日，驻扎在保加利亚的德国第十二集团军在李斯特元帅的指挥下，开始从保加利亚入侵希腊。同一天，希特勒派兵进攻南斯拉夫，由于南斯拉夫军队迅速溃败，希腊军的侧翼过早地暴露在德军打击之下，受到德意军队的夹击。德军采取主要进攻方向突击和次要方向迂回的战术，很快占领了萨洛尼卡，并继续向南推进，形成对希腊军队和英国远征军的包围态势。4月12日，希腊军队开始从阿尔巴尼亚向国内撤退，但受到德军包抄，希腊首相自杀，军队请求停战。

4月27日，德军占领希腊首都雅典。希腊宣布，只向德军投降，而不向意大利投降，仅在对德投降书上签字。4月29日，英国皇家海军的5艘军舰搭载着到希腊本土作战的英军撤退至克里特岛。此次战役，历时20余天，德军取得了绝对性胜利，南斯拉夫军队被俘37.5万人，希腊军队被俘22.5万人。

希特勒认为，克里特岛是重要的空军基地，飞机能够控制巴尔干南部、意大利南部和爱琴海。4月25日，希特勒下令攻

占克里特岛。5月22日拂晓，德军首先采取空中闪电战战术，对岛上的机场进行猛烈轰炸，同时以伞兵空降的方式占领机场，为后续的山地师和海上支援提供了支持。德军还阻击了英国海军的袭击，成功地从海上登陆。守岛的希、英军队力量薄弱，组织涣散，抵挡不住德军的猛烈攻击，英军大部从岛上撤出。6月2日，德军占领全岛，保证了向地中海地区进军时的南翼安全，为进一步向南扩张提供了支撑点。克里特空降突击的胜利，再一次显示了德军闪电战的威力。

与此同时，苏联也对巴尔干地区的一些国家展开了一系列外交活动。1939年9月和1940年11月，苏联先后两次建议保加利亚缔结苏保互助条约，称苏联愿意提供包括军事援助在内的各种援助，均遭到保加利亚的拒绝。1940年6月，苏联与南斯拉夫建立外交关系，1941年4月，苏联与南斯拉夫签订《苏南友好和互不侵犯条约》。

1941年6月26日，苏联黑海舰队的9架海军飞机协同驱逐舰莫斯科号和哈尔科夫号水面舰队，轰炸了罗马尼亚的康斯坦察港。在这次交战中，莫斯科号在试图躲避沿海炮击时被水雷击沉。罗马尼亚驱逐舰里贾纳·玛丽亚号和马拉斯蒂号参与了战斗。随后，苏联潜艇夜袭了保加利亚和罗马尼亚海岸的轴心国舰艇。虽然苏联在战区内的舰艇数量上占据优势，但德国的空中力量，尤其是俯冲轰炸，还是让苏军付出了巨大代价。

第五章　两战之间的巴尔干与第二次世界大战

到 1944 年，苏军黑海舰队的水面舰艇大部分受损，无法进行持续作战。罗马尼亚军队的第十和第十九步兵师以及第三山地师加入了德国军队，逼迫苏军退回了高加索地区。在此期间，"哈尔科夫"号和两艘驱逐舰被德国的斯图卡俯冲轰炸机击沉。斯大林随后下令，使用大型船只必须得到其办公室的批准。

在陆战方面，苏军进展顺利。1944 年 8 月 20 日，苏军开始向罗马尼亚境内推进。8 月 23 日，罗马尼亚共产党在首都举行武装起义，俘虏和击毙德军 5.8 万余人，解放了布加勒斯特和全国大部分地区，宣布罗马尼亚退出法西斯同盟。

随着德军开始从巴尔干撤军，保加利亚占领军开始倒戈，与前盟友作战。1944 年 9 月，苏军追击德军进抵保加利亚边界，苏联对保宣战。9 月 8 日，苏军越过保罗边境，迅速解放了保加利亚东北部。第二天，保加利亚在保共领导下举行武装起义，建立祖国阵线政府，并对德宣战。9 月 15 日，苏军开进保加利亚首都索非亚。保共与苏联军并肩作战，穿过南斯拉夫东部和匈牙利南部，并向西一直推进到中欧，远至布达佩斯和维也纳。

在此期间，保加利亚在与德国和匈牙利军队的战役中损失惨重，死亡人数约 3.2 万，远远超过保加利亚在希腊和南斯拉夫占领区的损失。保加利亚军队参与这次战役，对保共新政府有两个有益的影响：一是由于军队在国外，保共扩大了对保加利亚的控制；二是战役造成的高伤亡，削弱了传统上的反共军队，保共政府更新了很多下级军官和非政府组织人员。

10月28日，根据苏美英三国同保加利亚的停战协定，保加利亚与德国断交，投入陆海空三军力量对德作战。

1944年9月，德国开始从希腊撤军。英国希望利用所有阿尔巴尼亚抵抗力量骚扰德国。1944年秋天，德国军队从阿尔巴尼亚撤出。

第三节
南斯拉夫失陷与"瓦尔特"的抗争

中国历史坐标轴：

1937 年 9 月，平型关大捷。

1938 年 5 月，毛泽东发表《论持久战》。

1940 年，八路军发动"百团大战"。

为了配合进攻希腊，造成有利的形势，德国希望先把南斯拉夫拉入轴心国集团。1941 年 3 月 25 日，希特勒迫使南斯拉夫政府加入德意日三国军事同盟，南斯拉夫首相在维也纳签署了准许德军进入南斯拉夫的协定。然而，以南斯拉夫空军司令杜山为首的高级军官发生政变，推翻了亲德路线的旧政府。

3 月 27 日，希特勒签署了进攻南斯拉夫的指令，决定对贝尔格莱德实施突袭，从南面侵入南斯拉夫。

南斯拉夫总共有 60 万军队，预计战时可动员 170 万人，可组建 28 个步兵师和 3 个骑兵师。南斯拉夫的技术装备在质量上和德国不相上下，但是数量上远不如德国军队。南斯拉夫空军主力拥有近 200 架德国造的"梅塞施米特-109"战斗机，这种机型也是德国空军的主力战机，装甲部队装备有捷克斯洛伐克生产的 1935 式 LT-35 轻型坦克（德军代号 35T），德军的 6 个坦克师装备的也是这种坦克。南斯拉夫还制定了 R-41 防御计划，一旦德军进入南斯拉夫，南军队应该在北部打防御战，同时攻入阿尔巴尼亚，协同希腊军队打败驻阿尔巴尼亚的意大利军队，确保南斯拉夫军队主力向南撤退，在萨洛尼卡与希腊人和英国人共同构筑稳固的防线。

此时，南斯拉夫军政高层出现分裂，加上德国军事情报机关积极活动，导致总参谋部大量机密文件被德国窃取。此时，英国远征军已经在希腊登陆，南斯拉夫总参谋部还没有同英军和希腊军队进行任何有关协同动作的协商。

1941 年 4 月 5 日，南斯拉夫与苏联签署了《苏南友好互不侵犯条约》，规定如果一方受到第三国进攻，另一方必须奉行友好政策。该条约只是道义上的，并没有涉及军事援助的问题。

4 月 6 日夜，德国及其盟国出动 80 多个师的 30 万大军，在 2000 余架飞机和 2000 余辆坦克掩护下，大举入侵南斯拉夫，接连三天三夜，对贝尔格莱德的重要目标进行了狂轰滥炸。南斯拉夫总参谋部在战争打响的头几个小时就丧失了指挥能力，全面动员后的第二天，德军的机械化部队已经深入腹地。由于已经事先掌握了南斯拉夫的防御计划，德军从保加利亚方向实施主攻,切断了南斯拉夫向南撤退的路线,阻断了南和希腊的联系。此时,保加利亚境内的德国第十二集团军在李斯特将军的指挥下发起进攻,一路进展顺利。

南斯拉夫军民进行了顽强抵抗,但最终还是溃不成军,国王出逃英国。4月13日,德意两军会师,开进贝尔格莱德。4月17日,南斯拉夫军队无条件投降。在被德国占领的塞尔维亚,成立了由塞尔维亚亲德派组成的政府,军队兵员从塞尔维亚的法西斯分子中招募。克罗地亚、波斯尼亚和黑塞哥维那成立克罗地亚独立国,克罗地亚境内的亚得里亚海沿岸转归意大利军事行政机关管辖。意大利军队占领黑山和斯洛文尼亚南部,保加利亚得到了马其顿,阿尔巴尼亚得到了科索沃。

南斯拉夫沦陷以后,南斯拉夫军队的一部分军官并没有放下武器,而是转入山区打游击。5月下旬,他们成立了几支自卫游击队,游击队的成员大多数是波斯尼亚的塞尔维亚人、黑山人、达尔玛提亚和黑塞哥维那的克罗地亚人以及斯洛文尼亚人。6月27日,南斯拉夫共产党决定建立以铁托(Josip Broz Tito, 1892—1980)为首的游击运动总司令部,并积极展开活动。到10月份,南斯拉夫境内的游击队员已经接近7万名。南斯拉夫游击队的斗争对象,不仅包括德国、意大利、保加利亚、匈牙利占领军和伪政府的武装部队,还要面对克罗地亚和阿尔巴尼亚不同民族主义分子组成的队伍。到1943年,游击队已经成为南斯拉夫抵抗的主要力量。

切特尼克（Chetniks，"南斯拉夫祖国军"）是第二次世界大战时期活跃在南斯拉夫的抗德武装，由支持南斯拉夫王国政府的南斯拉夫人（主要是塞尔维亚人）组成。不过，该组织具有极强的种族主义、沙文主义倾向，战争后期，切特尼克开始倒向纳粹德国，成为南斯拉夫共产党游击队的主要敌人。英美司令部对切特尼克寄予厚望，不断向他们提供武器、弹药、装备、通信器材和资金。

相反，游击队的处境十分艰难，只能依靠缴获敌人的武器作战并进行补给。1941年12月21日，游击队被改编为南斯拉夫解放军的第一个正规部队——无产阶级第一旅。到1942年，解放军发展到15万人。1942年，主力部队在德国、意大利和切特尼克的围攻之下，被迫转移到波斯尼亚。南斯拉夫解放军与阿尔巴尼亚游击队取得了联系，对于阿尔巴尼亚游击队在政治斗争和武装斗争方法上都产生了巨大影响，南斯拉夫的军事顾问还参与了阿尔巴尼亚人民解放军的建设。随着武装斗争的扩大，游击运动最高司令部陆续在解放区建立了地方权力机关。

为消灭南斯拉夫解放军，彻底摧毁南斯拉夫民族解放运动，法西斯军队从1943年1月20日起对解放区发动进攻。他们调集了4个德国师、3个意大利师及新编地方部队，共约8万人，在强大的空军支援下，从三面包围了解放区西北部的南斯拉夫

南斯拉夫电影《桥》原型。该片讲述了1944年第二次世界大战接近尾声的时期,一小队南斯拉夫游击队员经过一系列周密的安排和惊险曲折的斗争将德军撤退途中一座必经的桥梁炸毁的故事。

解放军。解放军为迷惑敌人,不让敌方识破其向内雷特瓦河运动的意图,炸毁了所有桥梁。经过两天激烈的反突击战,法西斯德国部队被击溃。解放军最高司令部赢得了时间,一面疏散伤员,一面组织强渡内雷特瓦河,并向东南突破。在内雷特瓦河战役中,南斯拉夫人民解放军取得了巨大胜利,这次胜利具有重大的军事政治意义。它挫败了德军统帅部消灭南解放军主力的阴谋,成为游击战争的转折点。在事实面前,英国政府不得不承认南斯拉夫解放军是南斯拉夫反法西斯斗争的主要力量。5月,英国派出军事代表团到铁托的司令部进行慰问,并承诺定期派飞机向他们提供武器和装备。

铁托领导的南共游击队不断壮大,德军视其为眼中钉、肉中刺,必欲除之而后快。1943年5月,德军实施了"施瓦茨行动",出动德国、保加利亚、意大利的混合部队,共十多万人,对游击队进行围剿,试图把铁托2万人的主力部队困在波斯尼亚东南的泽伦格拉山区。游击队以寡敌众,战斗异常激烈。敌人封锁了游击队撤向阿尔巴尼亚的道路,游击队在付出6500多人伤亡的惨重代价后,最终突破了德军包围。

1943年9月8日,意大利投降,在阿尔巴尼亚境内,意大利军队的15个步兵师退出战争。从意大利人手中缴获以及意军遗弃的武器,为阿尔巴尼亚游击队提供了补充,游击队的人数也增加了8万名。德国派出军队,围剿残余的意大利军

第五章 两战之间的巴尔干与第二次世界大战

队,野蛮镇压当地居民。德国还试图通过在科索沃组建党卫军第二十一山地师来对当地加强控制,但没有成功。1943年,游击队不断壮大,并且控制了局势。在外部,盟军行动也在1944年开始,这是决定第二次世界大战南斯拉夫结局的两个重要因素。

1943年11月29日,南斯拉夫反法西斯人民解放委员会第二次会议在波斯尼亚召开,会议通过了涉及南斯拉夫战后重建的重要决定。这个日期也成为新南斯拉夫的诞生日。

苏联的外交支持,对南斯拉夫重建起到了巨大作用。从1944年起,苏联和南斯拉夫在军事方面频繁合作,苏联多次派出军事代表团会见铁托,不断向南斯拉夫运送武器装备和药品等军用物资。

9月,苏军进入保加利亚,和保加利亚军队在南斯拉夫边境集结。铁托和苏联达成协议:苏军进入南斯拉夫境内,协助南斯拉夫解放军解放贝尔格莱德和塞尔维亚东部,任务完成后,苏军撤出南斯拉夫。这一协议反映出铁托对苏军的不信任,为冷战时期的对抗局势埋下了伏笔。

9月28日,苏军在南斯拉夫边境和保加利亚军及南军一起参加了解放塞尔维亚和马其顿的战役,10月20日解放贝尔格莱德。11月,阿尔巴尼亚游击队协同南斯拉夫解放军参加了解放科索沃的战斗。

11月初,苏联军队撤离南斯拉夫,部分苏联军事专家留下为南斯拉夫军队培训干部,大量包括重型武器在内的武器装备、通讯器材被移交给南斯拉夫人民解放军。

1945年3月,铁托组建了民主联邦南斯拉夫临时人民政府。4月11日,苏南两国签订友好互助和战后合作条约。

5月2日,南斯拉夫人民解放军解放了亚得里亚海滨城市的里雅斯特(在1922年签署的拉巴洛条约中,这里被划归意大利)。英美盟军要求南斯拉夫撤出意大利领土,遭到南斯拉夫拒绝。经过斡旋,这场危机最后以和平方式获得解决。

在第二次世界大战中,南斯拉夫人民解放军的阵亡人数达到了30万,用生命为反法西斯斗争作出了巨大贡献。

第四节
第二次世界大战结束与巴尔干预热"冷战"

中国历史坐标轴：

1946年6月，全面内战爆发。

1948年9月至11月，辽沈战役。

1948年11月至1949年1月，淮海战役。

第二次世界大战还没有结束，同盟国分歧的萌芽就已渐渐浮现出来。战争结束后如何处理战败国，不仅是维护战后世界和平的重大问题，也是双方考虑巩固其势力范围的重要出发点。各国都想趁机多捞一些好处，谋取地中海和巴尔干地区的政治、经济、军事和战略利益。美国想借机在巴尔干获得一个立足点，苏联想巩固在巴尔干的战果并向地中海扩张。

1945年8月，苏美英在波茨坦会议上决定，设立美英苏中法外长会议，与意大利、罗马尼亚、保加利亚、匈牙利及芬兰缔结和约。除了三个主要的轴心国外，巴尔干地区的罗马尼亚、保加利亚是同盟国重要的敌国。1946年11月至12月，第三次外长会议在纽约召开，确定了五国和约的正式文本，1947年9月15日起生效。

对意大利的和约规定，意大利南部疆界做出有利于南斯拉夫的变动；的里雅斯特及其附近地区划为非军事化和中立自由区，多德卡尼斯群岛划归希腊。军事条款规定，意南部边界所有意大利永久要塞和军事设施应当"破坏或拆除"。意大利向阿尔巴尼亚赔款500万美元，向希腊赔款1.05亿美元，向南斯拉夫赔偿1.25亿美元，于生效后7年内付清。

对罗马尼亚和约规定，罗马尼亚将比萨拉比亚和北布科维纳割让给苏联，罗马尼亚从匈牙利收回特兰西瓦尼亚。军事条款规定，罗马尼亚陆军包括边防部队在内，不得超过12万人，防空炮队兵力5000人，海军兵力5000人，空军兵力8000人，飞机150架。罗马尼亚向苏联赔款3亿美元，8年内以实物支付。

对保加利亚和约规定，南多布罗加留在保加利亚领土范围内。军事条款规定，保加利亚陆军包括边防部队在内，不得超过5.5万人，防空炮队兵力1800人，海军兵力3500人，空军兵力5200人，飞机90架。保加利亚赔偿希腊4500万美元，赔偿南斯拉夫2500万美元，8年内付清。

对匈牙利和约规定，匈牙利、奥地利及南斯拉夫的边界维持1938年1月1日时原有疆界。军事条款规定，匈牙利陆军总数6.5万人，空军5000人，不得拥有轰炸机。

第五章　两战之间的巴尔干与第二次世界大战

五国和约是苏美英等大国既斗争又妥协的产物，它以法律的形式，确立了该地区的国际新秩序，然而和约中的一些消极因素，侵犯了战败国的领土主权，为民族矛盾和领土纠纷埋下了祸根。

多瑙河是横跨欧洲大陆的黄金水道，多瑙河航行的管理权以及控制权问题，历来是多瑙河沿岸国家同西方大国争论的焦点。1948年7月至8月，多瑙河会议在贝尔格莱德召开，参加会议的有罗马尼亚、保加利亚、南斯拉夫等多瑙河沿岸国家以及美国、英国、法国和苏联等国家的代表。8月18日，会议通过了新的《多瑙河航行制度公约》。苏联、乌克兰、罗马尼亚、保加利亚、捷克斯洛伐克、匈牙利、南斯拉夫七国代表在公约上签字，美英法三国代表拒绝签字。

多瑙河公约在军事方面规定，任何非多瑙河国家的军舰"不应在多瑙河航行"，除非与有关多瑙河国家预先协议；多瑙河国家的军舰在多瑙河的航行，不得越出各国国境。

苏联是多瑙河公约签约国家中唯一的大国，它控制着多瑙河的出海口，在多瑙河流域处于支配地位。第二次世界大战结束时，莫斯科和红军在东南欧和巴尔干半岛享有极具优势的影响力，几乎所有巴尔干国家的社会主义政府都是由苏联推上台的，只有希腊和土耳其后来与美国结盟，加入了北大西洋公约组织（NATO，简称"北约"）。与此同时，保加利亚和罗马尼亚成为苏联领导的华沙条约组织（Warsaw Pact）[1]成员，南斯拉夫和阿尔巴尼亚则主要依靠自己的力量赢得了解放。

随着第二次世界大战的结束，美苏两大阵营进入势力范围的争夺阶段，首当其冲的就是东欧地区爆发的里雅斯特危机。1946年8月9日，一架进入南斯拉夫领空的美国军用C-47运输机被逼迫降，8月19日，另一架飞往维也纳的美军同型机被南斯拉夫战斗机击落，机上人员全部遇难。美国国务卿詹姆斯·贝恩斯（James Byrnes）当时正在巴黎参加会议，闻报后恼怒到几乎向南斯拉夫发出最后通牒的地步。当时，美国因为第二次世界大战胜利形成的国际地位如日中天，而且，它是世界上唯一拥有核武器的国家。军方强烈要求再次使用核武器进行报复。在参联会上，军方讨论了为军机护航的方案。从8月25日开始，美国实施了轰炸机飞行计划。当时还没有导弹，美国

---

[1] 华沙条约组织是以苏联为首对抗北约的政治军事同盟。1955年5月14日，苏联、捷克斯洛伐克、保加利亚、匈牙利、民主德国、波兰、罗马尼亚、阿尔巴尼亚8国针对美国、英国、法国决定吸收联邦德国加入北约一事，在华沙签订了《友好互助合作条约》，1955年6月5日生效，正式成立了军事政治同盟——华沙条约组织，简称"华约"。东欧社会主义国家除南斯拉夫以外，全部加入华约组织；在亚洲方面，除中国和朝鲜之外，其他社会主义国家都是华约组织观察员国。1991年7月1日，华沙条约组织正式解散。

第五章　两战之间的巴尔干与第二次世界大战

出动的 B-29 轰炸机是专门用来携带核弹的，目的是对南斯拉夫进行核讹诈。南斯拉夫虽然口头上很强硬，但实际上还是做出了妥协。而美国知道南斯拉夫与苏联的关系不像其他东欧国家那样紧密，也有意不再激化与南斯拉夫的矛盾，这样，这次事件才得到缓解。

1944 年到 1949 年，希腊发生内战，这是希腊共产党领导的人民武装与受英美支持的政府军之间的战争。第二次世界大战即将结束时，希腊共产党人与其他派系联合成立了民族解放阵线（EAM）及希腊人民解放军（ELAS）。另一个较大的抵抗组织是反共的全国希腊共和联盟（EDES），他们还反对流亡的君主主义政府。1944 年 9 月，德国开始从希腊撤军。随着德军离去，反共派系开始联合起来。然而，民族解放阵线控制了希腊的大部分地区。英军在"曼纳行动"中占领了雅典，希腊人民解放军则在希腊北部和西部消灭了敌人。希腊政府军队对共产党进行镇压，可共产党游击队从苏联得到了一定的支持，南斯拉夫铁托也为他们提供了数以千计的步枪、机枪、反坦克武器和地雷，甚至送去了防空武器，共产党的军队用这些武器击落了几十架希腊空军的飞机。

1947 年初，英国正式从希腊撤军。1948 年后，美国军事顾问支持希腊政府，扭转了局势。杜鲁门总统拒绝了希腊提出的为其军队提供资金的要求，只是提供了装备和训练指导。

1949年8月，政府军在希腊北部向游击队发动了一场代号为"火炬行动"的攻势，大部分游击队士兵投降或逃往阿尔巴尼亚，希腊内战结束。

1946年，英国和阿尔巴尼亚共产党政府之间发生了科孚海峡事件。5月15日，阿尔巴尼亚炮台向英国猎户座号和高超号巡洋舰开火，当时这两艘军舰正穿越科孚海峡。虽然两艘军舰都没有被击中，但是英国政府要求阿尔巴尼亚政府正式道歉。阿尔巴尼亚拒绝，并声称英国船只进入了阿尔巴尼亚领海。

1946年10月22日，英国毛里求斯号巡洋舰、利安德号巡洋舰、索马雷兹号驱逐舰和沃拉奇号驱逐舰向北驶过科孚海峡，试探阿尔巴尼亚对其无害通过权的反应。这几艘舰艇驶近萨兰达湾附近的阿尔巴尼亚海岸时，索马雷兹号撞上一枚水雷，船头被炸飞。沃拉奇号拖着索马雷兹号向南航行到科孚港时，也被一枚鱼雷击中，船头被炸毁。12小时后，两艘船抵达科孚港。两艘船共有44人死亡，42人受伤，索马雷兹号受损严重无法修复。

11月12日至13日，英国皇家海军未经阿尔巴尼亚政府同意，在阿尔巴尼亚领海的科孚海峡进行了一次计划外的扫雷行动。在航空母舰、巡洋舰和其他战舰的掩护下，英军发现并切断了22个接触水雷的系泊处。雷区似乎是故意设计而不是随意布置的。英国检查了其中两个被切割的水雷，断定其为德国制造，且没有生锈，也没有附着海洋生物，外表的油漆是新的，缆绳似乎也在最近上过润滑油。检查人员得出结论，这些水雷是阿尔巴尼亚政府在 10 月 20 日左右布置的。

阿尔巴尼亚总理恩维尔·霍查（Enver Hoxha, 1908—1985）向联合国抱怨英国入侵阿尔巴尼亚水域。12 月 9 日，英国指责阿尔巴尼亚布设水雷，并要求对先前的事件做出赔偿。12 月 21 日，阿尔巴尼亚政府否认了英国的指控。

英国向国际法院提起了针对阿尔巴尼亚的诉讼。1949 年 12 月，法院要求阿尔巴尼亚向英国支付约 80 万英镑（合 190.4 万美元）。阿尔巴尼亚政府拒绝支付任何款项，英国随后中断了与阿尔巴尼亚政府建立外交关系的谈判，两国在 1991 年才最终恢复外交关系。五年后，阿尔巴尼亚同意向英国支付 200 万美元的延期赔款。

1944 年 8 月，罗马尼亚共产党发动武装起义，推翻了法西斯统治，1945 年 3 月建立民主政权，1947 年 12 月 30 日建立人民共和国。

1944 年 8 月，保加利亚共产党号召用武装手段来推翻法西斯统治，人民游击军总参谋部发出命令，发动总攻势，建立地方性祖国阵线政权。保加利亚共产党领导的游击队积极开展战斗行动，9 月 9 日成立祖国阵线政府。

1942 年 9 月 16 日，阿尔巴尼亚民主阵线成立，共产党成为民族解放斗争中的中坚力量。1944 年 11 月 29 日，阿尔巴尼亚全国解放。1946 年 11 月 11 日，阿尔巴尼亚共和国成立。

烽火逐鹿——巴尔干军事史话

第六章
冷战时期的巴尔干

第一节 《百分比协定》与美国驻希腊军事基地

第二节 冷战下的外国军事基地和驻军

第三节 地中海上的"柏林墙"

第四节 冷战结束时的烽烟

第一节
《百分比协定》与美国驻希腊军事基地

中国历史坐标轴：

1950 年 10 月，抗美援朝战争开始。

1955 年，中国人民解放军正式实行军衔制。

1958 年，解放军炮击金门。

1944 年 10 月 9 日，苏军重兵逼近巴尔干半岛。忧心忡忡的丘吉尔（Winston Churchill, 1874—1965）造访莫斯科，与斯大林（Joseph Stalin, 1878—1953）举行了首脑会谈。他对斯大林说："我提个建议，俄国在罗马尼亚占 90% 的优势，英国在希腊也有 90% 的发言权，南斯拉夫一人一半，你看怎么样？"他拿起半张纸，在上面写道："罗马尼亚：俄国 90%，其他国家 10%；希腊：英国 90%，俄国 10%；南斯拉夫：各 50%；匈牙利：各 50%；保加利亚：俄国 75%，其他国家 25%。"

斯大林看了一眼，拿出一支铅笔，在纸上画了一个勾。这便是《百分比协定》达成的过程。从这项协议可以看出，丘吉尔

第六章　冷战时期的巴尔干

为了得到希腊,几乎放弃了整个巴尔干半岛。

冷战的阴影笼罩了巴尔干。1949 年,美国及其欧洲盟国成立了北大西洋公约组织,作为对等行动,莫斯科领导下的东欧国家也成立了华沙条约组织,二者实际上都是军事同盟组织。此后,巴尔干处于被两个军事集团分割的状态,希腊和土耳其加入了北约,而阿尔巴尼亚、保加利亚和罗马尼亚加入了华沙条约组织。

为了制造苏联扩张和威胁论,1946 年 3 月 5 日,英国前首相丘吉尔访问美国时发表了著名的"铁幕"演说,这一演说揭开了冷战的序幕。对于巴尔干来说,冷战真正开始是在"杜鲁门主义"出来之后。而"杜鲁门主义"的出现,则与希腊和土耳其有关。

在美国看来,希腊内战不仅是希腊自己的事,也是整个西方世界遏制苏联阵营扩张的大事。1947 年 3 月 12 日,美国总统杜鲁门签署了《援助希土法案》。

希腊原来一直是英国的势力范围,英国曾经倾注大量的人力物力和财力,派重兵帮助希腊恢复君主制,巩固自己的势力范围。冷战初期,希腊政府岌岌可危。1947 年初,杜鲁门发表国情咨文,在巴尔干问题上,要求在 1948 年 6 月 30 日之前向土耳其和希腊提供 4 亿美元的援助,同时选派文职和军事人员前往这两个国家,开展所谓重建工作。

随后，美国派遣庞大的军事代表团前往希腊，帮助训练和重新武装希腊政府军，并成立了由美国人领导的美希联合参谋部，策划镇压希腊人民武装力量。到1949年，希腊共得到6.48亿美元援助，其中绝大部分用于内战。希腊政府军有20万正规军，拥有美式优良装备，得到美国军事人员的培训，而民主军只有4万名武装游击战士。10月，在美国军事将领范弗里特的亲自指挥下，希腊政府军对民主军进行围剿，民主军武装力量接连失利，一部分士兵进入保加利亚和南斯拉夫。第二次世界大战结束后，希腊持续了5年的内战以希腊民主军的失败而告终。

1952年，土耳其和希腊加入北约，成为第二批获准加入的成员国。

1953年10月12日，为了"防御来自北方的威胁"，希腊政府和美国在雅典缔结了长期双边防务协议《美希军事协定》。这个军事协定的签订，使美国在希腊享有种种军事特权，包括建立军事基地。美国的军队和一切装备可以自由进入希腊或在希腊境内移动，同时，这个协定还保证美国有权利用希腊的工业品和农产品以及所有资源而不受任何限制。美国运往希腊的供美国军队使用的一切物品都可以不纳关税，而且不受希腊海关的限制和检查。

美国空军代表腾纳和雷伦在军事协定签订后不久就来到雅

典，成立了一个专门的技术委员会，草拟希腊军事基地的修建计划。克里特岛的北部港口苏荻港被建成一个军港。距离港口25千米处修建了一个军用机场，可供喷气式战斗机和重型轰炸机使用。在伊拉克林附近修建了两个供战斗机使用的机场。在罗得岛、卡奇岛等重要岛屿建立了海军和空军基地，以便控制苏伊士运河和爱琴海的海上交通。1954年4月，美国派一个空军中队驻扎在罗得岛的马里扎机场，同时，把卡索斯岛建成了一个空军基地，同时也是可供驱逐舰和海军辅助舰只使用的海军基地。美军的军事基地开始越来越多地出现在希腊的版图上。

与此同时，希腊不断加强与西德的关系，西德和希腊首脑进行互访。

希腊军方与美国中情局之间的关系变得相当密切。1967年4月21日，陆军准将斯蒂利亚诺斯·佩塔克斯和上校乔治·帕帕多普洛斯以及尼可拉斯·马卡瑞佐斯等人共同发动兵变，以迅雷不及掩耳的速度夺取了政权。佩塔克斯是总部设在雅典的装甲训练中心的指挥官，他指挥军队控制了整个雅典市区。总理帕纳约蒂斯·卡内罗波罗斯遭到软禁，国王反制政变失败，被迫流亡罗马，此后，希腊政权完全落入军方手中。

1973年11月，雅典理工大学爆发起义，以无政府主义为主要代表的团体为反对军政府的独裁统治举行大规模示威，军政府派坦克对平民和学生进行镇压。1974年夏，希腊军人策动塞浦路斯政变，引发土耳其出兵塞岛。在此次危机中，美国没有完全站在希腊一方，希腊对此非常不满，愤然提出退出北约军事一体化机构，并对美国使用军事基地问题提出异议。12月13日，希腊举行全民公决，废除君主制，实行议会制。

在希腊政府的强烈要求下，美国先后关闭了自1950年代开始使用的3个军事基地，取消了美国驻军的治外法权，但增加了对希腊的军事援助。

1981年11月21日，以安德烈亚斯·乔治乌·帕潘德里欧[1]（1919—1996）为首的希腊新政府正式宣誓就职。帕潘德里欧成为希腊历史上第一位信奉社会主义的总理。他奉行独立的外交政策，独揽军政大权，既当总理，又兼国防部长。

1983年，美国在希腊保留的军事基地和设施总共有4个，驻有美军3300多名。首先是苏扎海军基地，这个基地位于克里特岛上的苏扎湾，主要任务是服务于美国第六舰队。1969年5月，美国海军成立了一个独立小分队，开始在苏扎湾驻扎，最初仅有十多名成员，之后逐渐壮大。1980年10月，美国海军独立小分队撤销，同时建立美国海军支援设施。1990年10月，美军在苏扎湾试验发射了第一枚爱国者导弹，成功摧毁了距离克

---

[1] 帕潘德里欧家族与希腊政坛有着深厚的历史渊源。安德烈亚斯·乔治乌·帕潘德里欧的父亲和儿子也都曾担任过希腊政府总理。

第六章　冷战时期的巴尔干

里特岛约 40 千米的目标。现在，苏扎湾海军基地的支援设施面积达到 0.445 平方千米，南边是美国驻希腊空军基地，主要职责是负责对部署在苏扎湾的第六舰队的飞机、海军空军特遣队以及临时驻扎的美军军用飞机进行支援，其司令部设在空军基地。

当时美军驻希腊的其他军事基地还有：希腊科里翁空军站，这个基地是监视苏联在地中海活动的监听站；雅典西北的埃利尼孔空军基地，它的任务是为执行侦察和反潜任务的部队提供支援；雅典郊外的新马克里海军通信中心，这里可以监听海上来往的船只发出的电子信号。

此外，北约组织在希腊北部设有 5 个预警雷达站，能够监视敌机和敌军的动向，这是北约在南欧军事设施的重要组成部分。

美国与土耳其不断接近，引起了希腊的不满，希腊要求就美国在希腊的军事基地进行谈判。美国希望希腊能够同意以美国的经济援助来换取对于美军基地的保留。希腊没有提出必须关闭美军基地的主张，但要求美国做出保证，不要对土耳其提供过多的军事援助，以防打破爱琴海地区的军事力量平衡。希腊还要求美国提出明确的撤除军事基地时间表，还提到了基地的使用范围和控制问题。虽然如此，希腊其实还是有些担心这样做可能会促使美国更加倚重土耳其，增加对土耳其的援助。当然，美国也并不愿意放弃经营多年的军事基地。

为了控制欧洲，让欧洲永远抱紧美国的大腿，美国必须在欧洲拥有军队。希腊处于三大洲交通要道的中心地带，陆路和水路四通八达，占据南部巴尔干，就可以对整个欧洲构成重大影响。以此为依托，向东可以控制土耳其，向北可以拉紧巴尔干诸国，因此，这里是抑制苏联在东欧扩张的桥头堡。

在2019年前，美国在希腊的军事基地减到了1个，而现在，基地的数量变成了9个。美国掌控着希腊北部的亚历山德鲁波利斯港，用来向东欧和乌克兰运送军事设备。在拉里萨空军基地，美国还部署了MQ"死神"无人机。

2019年和2021年，美希两国修订了共同防御合作协议，希腊允许美国在希腊领土上建立新的军事基地，协议有效期限从1年修改为5年。

2023年8月，据希腊《每日报》报道，美国众议院通过了一份国防授权法案修正案，呼吁考虑在希腊岛屿上建设美军基地或增加军事部署的可能性。近年来，希腊与美国高层曾多次表示，两国关系处于最高水平。

第二节

冷战下的外国军事基地和驻军

中国历史坐标轴：

1962年10月至11月，中印边界自卫反击战。

1964年10月，中国成功进行第一次核试验。

1948年与苏联决裂后，南斯拉夫在两个冷战派系之间处于孤立状态。它的南部和北部边界分别是北约盟国希腊和意大利，苏联的盟友匈牙利、罗马尼亚和保加利亚又使其东部边境受到威胁。因此，南斯拉夫急于寻求安全的环境，以应对苏联及其卫星国的腹背围堵。

铁托试图通过与希腊和土耳其达成和解来结束这种孤立，缓解南斯拉夫的困境。1953年2月28日，南斯拉夫与希腊和土耳其在安卡拉签订友好条约。1953年6月，土耳其、希腊和南斯拉夫三国总参谋长会议在雅典召开，7月在雅典举行了三国外长会议。紧接着，8月，南斯拉夫军事代表团和美国国防部人员在华盛顿进行了秘密谈判。11月7日，土耳其、希腊和南斯拉夫又在贝尔格莱德签订一项协定，成立巴尔干公约国家常设秘书处。11月10日至19日，三国参谋部代表在贝尔格莱德举行会议，讨论加强巴尔干国家合作的相关问题。

1954年3月，土耳其、希腊和南斯拉夫三国总参谋长举行会议，讨论签订"三国军事公约"和建立空军及其他兵种的总参谋部等问题。4月，铁托到土耳其访问，两国交换意见后认为，公约就是要缔结同盟，在军事上互相合作。4月16日，土耳其和南斯拉夫两国发表联合公报，称条约变为一个正式同盟的时机已经到来。

1954年8月9日，在南斯拉夫的贝尔格莱德，希腊、土耳其和南斯拉夫代表签署了《联盟、政治合作和互助条约》。条约规定，任何签署国一旦受到攻击，其他签署国将相互提供军事援助。条约的有效期为20年，并且可以延长。条约还规定，设立一个巴尔干协商组织，为加强经济合作奠定基础。签字时，美国前陆军参谋长柯林斯称："建立土耳其、希腊和南斯拉夫之间的'巴尔干条约'是必需的，因为这样就可以完成一个旨在包围苏联的体系。"

不过，这一条约并没有持续下去。对于塞浦路斯的定位问题，希腊和土耳其之间存在较大的分歧，这对条约的基础具有破坏作用。此外，苏联及其盟国对南斯拉夫的外交政策出现了缓和的趋势。1955年5月，赫鲁晓夫（Nikita Khrushchev, 1894—1971）访问贝尔格莱德，铁托开始奉行不结盟外交政策。尽管南

第六章 冷战时期的巴尔干

斯拉夫、土耳其和希腊三个签署国从未正式否认《巴尔干条约》，但是在 1960 年，希腊和南斯拉夫都表示，他们认为该条约已经失效。

1955 年 5 月 11 日至 14 日，阿尔巴尼亚、保加利亚、匈牙利、德意志民主共和国、波兰、罗马尼亚和苏联，在波兰首都华沙举行了保障欧洲和平和安全第二次会议，会议签订了《华沙条约》，缔约国做出了成立武装部队联合司令部的决定。司令部设在莫斯科，苏联军人担任缔约国联合武装部队总司令。苏联具有强烈的拓展势力的意图，为此，它在东欧各国派驻军队，以强化对东欧的控制力度。华沙条约为苏联军队驻扎在东欧各国提供了法律依据。随着苏联外交政策的变化，华沙条约组织以及驻扎各国的军队逐渐成为苏联干涉他国内政、推行霸权主义的工具和手段。

铁托能够脱离苏联控制有很多原因，其中很重要的一个因素，就是苏联红军没有占领南斯拉夫，"铁托和他的伙伴能够培育信任他们的政党，发展忠诚于他们的警察和军队"。

苏联控制罗马尼亚后，1947 年，苏联和罗马尼亚签订了和平条约，"苏联有权继续把军队留在罗马尼亚"，苏联在罗马尼亚的驻军合法化。据估计，在 1947 年以后，驻罗苏军约有 2 个机械化师，共 3 万兵力。

苏军在罗马尼亚驻军，并不是为了防御西方，而是"醉翁之意不在酒"，意图对罗马尼亚的内政进行干涉，对政府进行控制，这当然损害了罗马尼亚的主权和利益。罗马尼亚军队的核心部门中，很多要职都由苏联人担任，军队中充斥着苏联间谍和代理人，对罗马尼亚政府和军队的运行进行严密监控。罗马尼亚军队必须按照军事协定的内容履行对苏联的义务，苏联驻军的很大一部分支出，都要罗马尼亚来承担。

1951年，美国认为苏东国家对南斯拉夫进行军事打击的可能性在增强，于是制定了对南斯拉夫进行军事援助的计划，计划提出，"采取合适的措施，从军事上装备南斯拉夫""或应南斯拉夫请求，参谋长联席会议提出建议，运送军用设备到南斯拉夫"。

1953年斯大林去世后，赫鲁晓夫接任斯大林，成为苏联最高领导人。上任之初，赫鲁晓夫有意展开"和平攻势"，同北约国家缓和对抗关系。1955年5月15日，苏联、美国、英国、法国和奥地利五国外长，在维也纳签订了《奥地利国家条约》，条约规定，恢复奥地利主权与独立。据此，苏联在罗马尼亚、匈牙利等国驻军失去了法律依据。1955年12月，罗马尼亚重新加入联合国，自身威望得到很大提高，在苏联撤军的问题上有了更大的话语权。随着国际地位的显著提升以及国力的不断增强，罗马尼亚向苏联提出了撤军的要求。

第六章　冷战时期的巴尔干

1956年10月匈牙利事件[1]爆发后，罗马尼亚国内多地爆发了大学生大规模示威游行，旨在抗议苏联驻军以及罗马尼亚外交受到苏联控制等问题。在这些事件的影响下，苏联打算召回一些专家，并同意和罗马尼亚商讨驻军问题。苏联在1956年提出了"和平共处、和平竞赛、和平过渡"三大政策。苏联认为，罗马尼亚周边几乎被苏联势力所包围（除了西部的南斯拉夫），既不属于冷战对峙的前线，又很难遭受敌对国家的攻击，地理位置十分"安全"。鉴于国际形势的发展，苏军已经不需要继续留在罗马尼亚，撤军可以缓解罗马尼亚民众的反苏情绪，缓和苏联与罗马尼亚之间的国家关系。

然而，事情的发展并非一帆风顺。两国再一次进行商谈时，苏联改变了态度。双方发表联合声明，称鉴于"欧洲军事侵略集团"正在军国主义化，苏联军队驻扎在罗马尼亚境内是适宜的。苏联提出了一个借口：撤军需要华约成员国一致同意。为了寻求广泛的国际政治交流，罗马尼亚加强了同第三世界国家的外交关系，赢得了普遍支持。1958年4月，罗马尼亚代表团完成亚洲之行后途经莫斯科，与苏联领导人进行了短暂的会晤。

---

[1] 匈牙利事件指1956年10月23日至11月4日发生在匈牙利的由群众和平游行而引发的武装暴动。在苏联的两次军事干预下，事件被平息。事件共造成约2700匈牙利人死亡。

令他们吃惊的是，赫鲁晓夫召开政治局全体会议宣布，驻罗马尼亚苏军"将返回苏联"。随后，罗马尼亚对苏联的承诺也做出了回应，称赞苏联以前的驻军符合社会主义阵营的整体利益，在国际局势发生变化的情况下，苏联做出的审时度势的决定是正确的。5月24日，华约联合武装部队总司令宣布，撤出在罗马尼亚的所有苏联军队。8月15日，罗马尼亚宣布，苏军已经全部撤离。

苏联同意从罗马尼亚撤军有着不同的原因，包括国际形势发展的影响，苏联自身的考虑，同时也离不开罗马尼亚为此做出的努力。撤军以后，罗马尼亚成为华沙条约成员国唯一不驻有外国军队的国家，在国际社会获得了更多的发言权，也产生了更大的影响。

从1968年开始，罗马尼亚进行了大规模的装备采购，其中80%的装备是通过使用西方国家或社会主义国家武器生产许可的方式在本国生产的。1994年以前，罗马尼亚的军购经费非常有限，因为国家需要投入大量经费发展和巩固民主政权。

1949年到1960年间，苏联海军大规模进驻阿尔巴尼亚，在那里建立了可以停驻十几艘潜水艇的基地。这一时期，阿尔巴尼亚国内粮食缺乏，大批民众的饥荒问题无法解决，却要优先满足苏联军人的粮食供应。为了转移人民的不满情绪，霍查开动宣传工具，对民众进行灌输，说国内的一切苦难都源于美国和南斯拉夫等国家的封锁。1961年,苏阿关系决裂,苏联下令撤走所有在阿尔巴尼亚的军舰,同时停止一切援助。1974年7月,霍查将国防部长巴卢库送上法庭,指控他企图推翻劳动党和政府,是苏联的代理人和南斯拉夫情报局的合作者。巴卢库被判处死刑,并被立即枪决,同时被清理的还有军队的一批高级将领。

冷战时期,华约成员国家对苏联驻军问题有着不同的态度,有的拒绝,有的抗争,有的屈从。从某种角度来看,一个国家的主权和独立决定着国家的命运和其在国际上的地位。

第三节
地中海上的"柏林墙"

中国历史坐标轴:

1965年,解放军空军部队击落入侵的美国军用无人高空侦察机。

1966年10月,中国成功进行导弹核武器试验。

1967年6月,中国成功爆炸第一颗氢弹。

第二次世界大战后,土耳其走向议会民主制度,通过土地改革和五年计划,农业和工业生产总值很快达到了战前的水平,经济得到了恢复和发展。迫于苏联的军事威胁和压力,土耳其需要维持一支庞大的军队,但土耳其的经济相对比较落后,对援助的需求促使土耳其倒向西方,请求英美提供帮助和支持。美国也想趁机全面介入,将势力渗透到土耳其,以粉碎苏联的领土要求以及在黑海的军事图谋。1947年7月,美土正式签订《关于援助土耳其的协定》。五角大楼的目标是,将土耳其变成美国在海外规模最大而且最重要的军事基地。不久,美军代表团抵达土耳其,对军队进行改组,控制了土耳其军队,并攫取了海空军基地。

美国实现了把希腊和土耳其纳入自己全球体系的目标,希腊和土耳其逐渐成为巴尔干半岛和东地中海地区的政治盟友和军事基地,在地中海建立了抵抗苏联侵略的屏障和前哨阵地。

从 1947 年到 1961 年,土耳其从美国获得了约 19 亿美元的军事援助和 14 亿美元的经济援助。1950 年代中期,美国基本上控制了土耳其的军事力量,美国的军事顾问和教官充斥土耳其军队。以美国为首的北约在土耳其修建了 100 多个大小机场,其中阿达纳空军基地的规模最大,这个机场拥有 4270 米的跑道,可供当时最大型的轰炸机起落,从土耳其机场起飞的飞机可飞至苏联的高加索。

第二次世界大战结束以后,希腊和土耳其的关系经常处在军事冲突的边缘。两国虽然同处北约这一军事组织的屋檐下,又都面临华约的潜在威胁,但他们都表示,会用武力捍卫自己的利益和领土完整。

塞浦路斯扼东西方交通要冲,有地中海"金钥匙"之称。从地理位置上来看,塞浦路斯属于亚洲,但由于长期受到欧洲文化的影响,塞浦路斯更像一个地道的欧洲国家。

塞浦路斯人有六成是希腊族,四成是土耳其族,两族长期以来分别以希腊和土耳其作为自己的后盾,形同水火。鉴于地理位置的特殊性,希腊和土耳其两国均对塞浦路斯抱有领土野心。

1960年，塞浦路斯脱离英国统治独立，建立了2000人的塞浦路斯共和国军队。1963年，占人口多数的希腊人和占人口少数的土耳其人之间未能在宪法上达成一致，塞浦路斯国内的紧张局势升级为内战。土耳其族官兵全部撤出，塞政府随即建立了高级国防军事司令部。1964年6月，塞议会通过《国民警卫队法》，实行义务兵役制，18至59岁的男子可征召入伍，国民警卫队兵力一度达到1.7万人。

塞浦路斯总统马卡里奥斯邀请流亡的希腊将军格里瓦斯出任国民自卫军司令。土族人认为，这一行动企图将国民警卫队转化为希族军队。作为回应，土耳其准备出兵干涉。美国总统林登·约翰逊向土总理发出警告，阻止了土耳其入侵该岛，但土耳其飞机还是向进入土族塞人村庄的希族人开火。7月，美国派外交官前往日内瓦会见了希腊和土耳其的代表，但是斡旋失败。

作为对土耳其空袭的回应，国民警卫队洗劫了两个土族人村庄。土耳其在与希腊接壤的边境集结军队，并威胁说，如果希族人不接受最后通牒，土耳其就会采取行动。美国总统约翰逊意识到两个北约国家爆发战争的可能性，于是派塞勒斯·万斯（Cyrus Vance）作为特使，前往这三个国家协调。1967年11月，万斯在安卡拉成功地通过谈判使希腊和土耳其同时从塞浦路斯

第六章　冷战时期的巴尔干

撤出部队，并使土耳其军队撤离希土边境。

两国冲突平息，和平状态持续了十年。1974 年 7 月 15 日，塞浦路斯发生了希腊军政府支持的军事政变。土耳其对这一举动感到愤怒，迅速动员了一支约 4 万人的部队，于 7 月 20 日黎明时分在塞浦路斯北部的凯里尼亚（Girne）实施了大规模两栖登陆。

塞浦路斯北部的土耳其航空兵在爱琴海上的活动异常频繁，不可避免地与希腊产生摩擦。7 月 21 日，土耳其的支援部队搭乘 3 艘军舰前往塞浦路斯。这一重要情报被希腊监听后，希腊发布了一份假情报：希腊将派 3 艘军舰前往塞浦路斯进行支援，情报还故意透露了具体的航线和方位，这些参数正好与土耳其的支援军舰吻合。土耳其军方侦听到这一情报后，派出空军编队对战舰进行轰炸。土耳其的侦察机发现军舰悬挂的是土耳其国旗并向上汇报，土耳其指挥官判断，这是希腊人掩人耳目之举。土耳其军舰也发现了己方战机，但呼叫没有得到回复。土耳其战机对己方军舰进行了打击，海军遭受巨大损失，造成了 200 余人伤亡。

7 月 22 日，希腊空军的两架轻型战斗机到爱琴海附近执行巡逻任务。抵达预定巡逻区域后，他们遇到了两架不断逼近的土耳其战机和三角超音速截击机。希腊的一架战机被击中坠海，同时，另一架战机也击落一架土耳其截击机。而另一架土耳其战机忙中出错，向希腊领空飞去，之后在高速公路上迫降，机毁人亡。由于此次空战很可能使得希土冲突升级，所以，双方都做了低调处理。

通过以上实例可以看出，土耳其军兵种之间在沟通上存在着巨大漏洞，缺乏统一指挥，军事上也缺乏严格训练，指挥官出现误判，底层作战人员的素质也比较差。在通信联络上，缺少多兵种联合作战的制度和机制。

塞浦路斯当时有大约1.2万名现役军人，还有1.5万名装备落后的预备役人员。土耳其军队在48小时内毫不费力地控制了塞浦路斯北部约3%的地区。7月22日晚，联合国安理会促成停火。由于土耳其人轻而易举地入侵了塞浦路斯，希腊军政府于7月23日垮台。第二天，康斯坦丁·卡拉曼利斯（Konstantinos Georgiou Karamanlis）领导的希腊新政府成立，派遣代表参加了7月25日至30日在瑞士日内瓦举行的紧急和平会议。

由于土耳其部队人数太多，并且已在塞浦路斯北部建立了坚固的防御阵地，卡拉曼利斯决定不再采取任何直接军事行动。然而，希腊和土耳其无心进行认真谈判，7月30日，日内瓦会谈以失败告终。土耳其决定，于8月14日从塞浦路斯北部发动全面军事进攻，目标是占领并控制塞浦路斯约40%的领土。土耳其人将此次行动宣传为"和平行动"，并于8月16日完成了这一目标，占领范围一直向南延伸到洛罗吉纳。

第六章　冷战时期的巴尔干

土耳其的入侵，使得 20 万居住在塞浦路斯北部的希腊人不得不逃往南部，成为难民。在此次战役中，土耳其士兵 638 人死亡，2000 人受伤，大约 1000 名土耳其平民伤亡。塞浦路斯政府一方和派来的希腊士兵共伤亡 4500 至 6000 人，失踪 2000 至 3000 人。

对于这场冲突，联合国出兵干预，并设立了一条永久停火线，即所谓的绿线（Green line）。这条线实际上将塞浦路斯划分为土耳其控制的北部地区和希腊控制的南部地区。尼科西亚市（Nicosia）成为柏林墙被推倒后世界上唯一一个被人为分裂为两部分的首都。1975 年，北塞浦路斯土耳其联邦成立（国际社会大多数国家不予承认），居住在塞浦路斯南部的约 6 万土耳其人移居到土耳其控制的北部地区。

1974 年后，希腊人和土耳其人在全岛的分布几乎完全分成两部分，土耳其人住在北部，希腊人住在南部，形成了事实上希腊族和土耳其族南北分治的局面。1970 年代后期，国民警卫队不再发挥政治作用，也不再对政治产生影响。1980 年代后期，国民警卫队的力量得到加强，并实现了现代化，但与抵抗土耳其军队进攻的自我防卫能力相去甚远。因此，当前的目标是寻求建立一支可靠并可以防止土耳其占领全岛的威慑力量，目标是将冲突延迟 2 至 3 周，为联合国安理会进行干预争取时间。

2004 年 5 月，希腊人控制的三分之二部分的塞浦路斯，以塞浦路斯共和国的名义加入欧盟，不包括由土耳其控制的塞浦路斯领土。从2008年开始，塞浦路斯实行义务兵役制，男性公民必须服兵役26个月。

塞浦路斯北部的土耳其族在1975年也成立了保安部队，这是其控制区的军事和安全武装力量，约有5000人，编为7个步兵营和1个装甲连。他们也实行义务兵役制，服役期为24个月。

1960年，英国军队和皇家空军共约1万人，开始驻扎在阿克罗蒂里和德凯利亚基地。1970年前，英国皇家空军的2个轰炸机中队及其护卫战斗机驻扎在塞浦路斯基地，但1970年以后，英国皇家空军不再在塞岛驻扎轰炸机。后来，英国在塞的军事基地，主要为联合国驻塞浦路斯维持和平部队提供支持和装备维护。基地的主要作用是通信和作为电子情报收集的中继站，获取从东地中海通过中东至伊朗的飞行器、船只的卫星通信信息，英国收集到的信息与美国共享。

1997年1月4日，塞政府与俄罗斯达成一项价值6亿美元的武器合同。塞浦路斯购置3套俄制S-300PMU地对空导弹系统，从而在塞岛引发了一场"导弹风波"。塞政府积极与俄罗斯发展军事合作，引起塞岛局势紧张，受到美国和土耳其的强烈反对。

第四节
冷战结束时的烽烟

中国历史坐标轴：

1972 年，尼克松访华，中美关系正常化。

1978 年，中日两国缔结和平友好条约。

1979 年，中国对越自卫反击战。

1985 年，中国裁减军队员额 100 万。

1991 年 12 月 21 日，苏联 11 个加盟共和国的领导人共同签署《阿拉木图宣言》（Alma-Ata Protocol / Almaty Declaration），苏联不复存在，这也标志着冷战的结束。冷战结束是有一个过程的，始于 1989 年柏林墙倒塌、德国统一以及华约解散，以作为美国对立面的苏联消失而结束。这些巨变首先发生在东欧，东欧国家政权相继更迭，政治和经济制度发生了根本改变。巴尔干的社会主义国家，除罗马尼亚和南斯拉夫外，都是以和平的方式实现演变的。

罗马尼亚的演变是通过军事政变实现的。1989 年 12 月 17 日，罗马尼亚西部城市蒂米什瓦拉发生了反对政府的示威游行，数千人与政府军警发生冲突，造成多人伤亡。12 月 21 日，首都布加勒斯特发生了更大规模的反政府骚乱，暴动者与军警对峙。次日，国防部长自杀，军队宣布不再向人民开枪，负责守卫重要部门的士兵撤离。总统齐奥塞斯库夫妇乘飞机逃亡未遂，被捕后经临时军事法庭秘密审判后就地枪决。扬·伊利埃斯库（Ion Iliescu）将军等军界人士组成的罗马尼亚救国阵线宣告成立，接管国家权力，并于1990年4月举行大选。可以看出，军队在罗马尼亚国家巨变的过程中发挥了决定性的作用。

铁托领导的南斯拉夫社会主义联邦共和国十分重视民族平等政策，但随着他的去世和冷战的结束，南斯拉夫的民族矛盾开始涌现。1990年，克罗地亚和斯洛文尼亚提出主权国家联盟方案，1991年6月25日宣布独立，并不惜兵戎相见，维护其独立的决定。马其顿和波黑两个共和国分别于1991年11月20日和1992年3月3日宣布独立。4月7日，塞尔维亚和黑山两个共和国决定组成南斯拉夫联盟共和国。波黑不同民族间的矛盾，引发了一场持续三年多的残酷内战。

波斯尼亚—黑塞哥维那是南斯拉夫各共和国中种族最复杂的国家。在总人口中，波斯尼亚穆斯林（波斯尼亚人）约占44%，塞尔维亚人约占31%，克罗地亚人约占17%，其余的是其他民族，这种民族构成与南斯拉夫相似，所以这里也有"小南斯拉夫"之称。

波斯尼亚军队是波斯尼亚政府在1991—1995年与南联盟进

行战争时的武装力量，原是隶属前南斯拉夫人民军的领土防卫体系。20世纪80年代末，南斯拉夫出现民族紧张局势，波斯尼亚塞族部队及其资源基本上处于塞族控制之下。

1992年3月3日，波黑宣布独立，引发全面内战。5月20日，波斯尼亚塞族组织成为波斯尼亚—黑塞哥维那共和国军队，但可利用的军事资源有限。最初的部队是匆忙拼凑起来的，由只有轻武器的前南斯拉夫人民军的4个军团组成，大约有8万人。虽然大多数波斯尼亚男子曾服役并接受过军事训练，但军队的重型武器由塞族或亲塞族的前南国防军控制。

在波斯尼亚—黑塞哥维那的波斯尼亚士兵中，穆斯林民族的认同感不断增长，3000多名来自伊斯兰国家的志愿者前来补充队伍。大多数克族人加入了不同的部队，这些部队有的同波黑共和国合作，有的与波黑共和国作战。波黑军队的主要困难是缺乏足够的武器和设备。到1995年1月，波斯尼亚—黑塞哥维那共和国军队已扩大到将近20万人，还从伊斯兰国家和北约得到了一些援助。

1992年4月，原属南斯拉夫的不同民族，包括波斯尼亚、克罗地亚和塞尔维亚人，开始争夺波斯尼亚—黑塞哥维那地区的控制权。1992年5月，波斯尼亚塞族军队开始围困和炮击波斯尼亚首都萨拉热窝。

1995年7月，拉特科·姆拉迪奇（Ratko Mladic）将军带领塞尔维亚军队，侵入波斯尼亚东部的斯雷布雷尼察地区。在一周内，塞尔维亚军队杀害了大约 8000 名波斯尼亚人。不久以后，波斯尼亚—克罗地亚联盟开始收复失地。在北约的仲裁下，11 月 21 日，战争各方签订《代顿和平协议》(Dayton Peace Accords)。1995 年 12 月 14 日，战争正式结束。

克罗地亚总统弗拉尼奥·图季曼(Franjo Tuđman, 1922—1999)是一名坚定的克罗地亚民族主义者。1991 年 4 月 12 日，他成立了由 1000 名特警和 9000 名志愿者组成的国民卫队。6 月 15 日，图季曼任命参谋长马丁·佩格尔指挥这支部队。6 月 25 日，图季曼宣布克罗地亚独立，将局势推向战争的边缘。8 月，克罗地亚境内的克族部队已增加到 4 个旅，约 6 万人。

克罗地亚是前南斯拉夫人口第二多的共和国，大约有 470 万人，其中 78% 是克罗地亚人，12% 是塞族人，10% 是其他民族。1990 年，克罗地亚民族主义者图季曼当选领导人后，宣布成立独立的塞尔维亚克拉伊纳共和国(RSK)[1]。1991 年 3 月 31 日，在普利特维采湖国家公园发生暴力冲突后，塞尔维亚国防军被派往克罗地亚进行干预。随着局势恶化，被派往克罗地亚的国

---

[1] 塞尔维亚克拉伊纳共和国是一个在克罗地亚自南斯拉夫联邦中寻求独立时，于 1990 年至 1995 年间短暂出现的自治体。1995 年 12 月 14 日，前南各方在巴黎正式签署波黑和平协议，冲突正式结束，塞尔维亚克拉伊纳共和国即不复存在。

第六章 冷战时期的巴尔干

防军不断增加。

克罗地亚政府军和塞尔维亚国防军之间进行的最大的战役发生在斯拉夫城市武科瓦尔（Vukovar，克罗地亚和塞尔维亚国境线上的一个重镇）附近。1991年8月，塞尔维亚国防军包围了萨格勒布政府控制的城镇，城内的克罗地亚部队只有大约1800人，在武器和人数上都远远落后于塞尔维亚人。国防军使用了大炮，而不是采用步兵突击的方式来战胜守军。11月18日，塞尔维亚人战胜了精疲力竭的守军，占领了这座城市。这种攻城方式造成大量平民丧生。不仅如此，塞族民兵在医院还屠杀了许多受伤的平民和被俘军人。

1991年9月至12月，克罗地亚部队进行了"军营战役"，成功地从国防军军营缴获了重武器。1991年年底，克罗地亚部队共有23万人，分为60个旅，战斗旅的规模从500人到2500人不等。1992年1月2日，美国外交官赛勒斯·万斯代表联合国，在萨拉热窝通过谈判，达成了克罗地亚和塞尔维亚之间的停战协议。经过斡旋，签署了《萨拉热窝协定》，在克罗地亚设立一支联合国维和部队，用于监控停战和解除双方武装。1992年3月，维和部队抵达巴尔干，在克族和塞族之间建立了据点。克罗地亚人自知缺乏打败塞尔维亚人的军事能力，接受了停战协议，并承认失去大约三分之一领土的事实。塞尔维亚人接受停战协议，是因为他们实现了主要目标，即建立一个与波斯尼亚和塞尔维亚境内有联系的塞尔维亚实体。

1992年，双方再次爆发种族清洗事件。1993年1月22日，克族恢复全面战斗。克罗地亚战争的最后一场主要战役是"风暴行动"，1995年8月4日至7日，13万克族部队决定性地击败了国防军，在安特·戈托维纳少将的指挥下，夺回了6400多平方千米的领土。

与克罗地亚战争纠缠在一起的还有波黑战争，它是第二次世界大战后在欧洲爆发的规模最大的一次局部战争。战争起因是波黑国家内三个主要民族（穆斯林、塞尔维亚和克罗地亚）围绕波黑前途和领土划分等问题出现的矛盾。

1992年4月，波黑战争爆发后，克罗地亚积极对战争进行干预，努力为波斯尼亚部队提供武器和训练，而对塞尔维亚人进行袭扰。1993年9月，他们袭击了戈斯皮奇附近的一些塞族炮兵阵地。塞族得到南斯拉夫联盟共和国的支持，在军事上占有明显优势。但北约对塞族进行军事威胁，发布最后通牒，直至升级到实施有限空中打击。

1994年8月5日，塞尔维亚攻击了联合国的武器库，因此，北约开始进行轰炸，塞族实行全民军事总动员。11月下旬，北约对克拉伊纳的机场和塞族的导弹基地进行了大规模空袭，但并未改变战场态势。年底，穆、塞双方达成停火协议。

1995年3月，战事又起。克族部队占领了塞族在斯拉沃尼亚西部的阵地，塞尔维亚部队投降。

1995年11月21日，前南地区三方最高领导人——南联盟塞尔维亚共和国总统米洛舍维奇、克罗地亚总统图季曼、波黑总统伊泽特贝戈维奇经过两周的艰苦谈判在美国俄亥俄州代顿草签了《波黑和平协议》。

7月25日，克罗地亚军队又在波斯尼亚西北地区进行干预，阻止塞尔维亚人占领比哈奇。在迫使塞尔维亚人撤出比哈奇后，8月4日，克罗地亚出动10万军队，发动了针对克拉伊纳塞族部队的"风暴行动"。在波斯尼亚政府部队的协助下，克族的进攻很快压倒了塞族的守军。8月8日，战役结束后，塞尔维亚守军的残余人员和塞尔维亚平民开始撤回塞尔维亚。

8月30日至9月14日，北约出动3400余架次飞机对波黑塞族阵地实施空中打击，并发射13枚战斧式巡航导弹，波黑塞族的指挥、控制、通信系统完全陷入瘫痪。塞族丧失军事优势，被迫同意由南联盟代表其参加由美国主持的波黑和谈。

1995年11月21日,美国召集波黑、克罗地亚、塞尔维亚三国总统,三方在美国代顿草签了《波黑和平协议》。根据协议,北约在波黑部署6万人组成的维和部队,波黑终于出现了暂时的和平。

战争中,联合国安理会曾先后采取武器禁运、设立安全区、设立禁飞区等多种措施,但都没能阻止战争。最后,联合国安理会通过决议,要求北约以空袭的方式来制止战争。近现代以来,通过斡旋促成双方谈判,是制止战争的方式之一,但冲突双方的矛盾往往不是依靠空洞的调解就可以解决的。联合国通过决议,采取武力方式止战,也算是一种争取和平的方式。

烽火逐鹿——巴尔干军事史话

第七章
当代巴尔干国家军情透视

第一节　科索沃战争：第一次高科技战争"实验场"

第二节　当代巴尔干国家军情现状

第三节　巴尔干国家参与国际军事事务动向

第四节　巴尔干国家军事发展与走向

第一节

科索沃战争：第一次高科技战争"实验场"

中国历史坐标轴：

1996年3月，解放军举行联合渡海登陆演习。

1997年7月，香港回归。

2003年10月，神舟五号首次载人航天飞行成功。

波黑局势趋于稳定时，在南联盟境内的科索沃地区，阿尔巴尼亚人和塞尔维亚人之间的冲突却不断激化。以美国为首的北约，以大规模空袭为作战方式，利用绝对空中优势，对弱势的南联盟进行打击，以武力迫使其就范。其作战样式是典型的非接触式交战，双方从始至终都没有在战场上近距离交战，这在世界战争史上是极为少见的。

科索沃解放军（KLA）是主张独立的阿族武装组织。1998年2月，科索沃解放军袭击了南联盟驻科索沃的警察哨所，5月，南联盟派出2.6万人的军队，在重武器和武装直升机的掩护下，对阿族居住村落采取大规模军事行动，目的是将大部分阿尔巴

第七章　当代巴尔干国家军情透视

尼亚族平民赶出科索沃。这次行动导致科索沃危机爆发。

作为回应，6月，北约在南斯拉夫边境上空进行了一次名为"坚定猎鹰"（Operation Determined Falcon）的作战行动。

1999年1月15日，科索沃发生了阿尔巴尼亚族人被屠杀事件，在国际社会引起强烈反应，北约向南联盟发出措辞严厉的警告。在战争无法避免的情况下，双方都做了较为充分的准备。北约确定了以空中打击为主、地面威慑为辅的作战方针。南联盟针锋相对，在国内进行了广泛战争动员，多方筹措物资，完善战场建设，建立坚固的防空体系，对部队进行了有效部署。

1999年2月至3月期间，各方在法国的朗布依埃举行了伴随激烈争论的冗长的会谈。3月18日，参加会谈的阿尔巴尼亚、美国和英国代表签署了后来被称为《朗布依埃协定》的文件。这项协定要求尊重南联盟的领土完整，科索沃高度自治，科索沃解放军解除武装，南联盟军队撤出科索沃，北约部队进驻以保障协议实施。然而，南联盟认为，科索沃危机涉及国家主权，所以，南联盟拒绝北约部队进驻科索沃，也拒绝签署协议。面对北约的武力干涉，南联盟已无退路。北约虽然军事力量强大，但受各种因素制约，难以持久作战。因此，南联盟决定采取全民抗敌、打藏结合、长期作战、以拖待变的作战方针，粉碎北约速战速决的作战企图。

南联盟拒绝签署协议，成为北约军事打击南联盟的借口。3

月 23 日，北约秘书长索拉纳向欧洲盟军最高司令克拉克上将下达了空袭南联盟的命令。3 月 24 日，北约 13 个成员国在没有得到联合国授权的情况下，共出动各型作战飞机 600 余架次，包括 F-16、F-18 和 EA-6B 等先进战机和 B-52 战略轰炸机、B-2 隐身战略轰炸机，对南联盟进行了军事打击。

当晚 6 时 55 分，部署在亚得里亚海上的美国海军提康德罗加级导弹巡洋舰发射了战斧式巡航导弹。同时，6 架 B-52 轰炸机飞往亚得里亚海预定空域，发射了 27 枚巡航导弹。22 时，北约飞机飞抵南联盟上空，对南联盟进行轰炸。南联盟出动军机进行拦截，其中三架米格 -29 飞机被击落。

美国空军派出两架 B-2 轰炸机，携带 16 枚联合制导攻击武器（JDAM, Joint Direct Attack Munition），从美国本土的怀特曼空军基地起飞，穿越大西洋，连续飞行 16 个小时，赴南联盟执行战斗任务。轰炸机采取高空投弹战术，直接命中 10 个军事目标。这也是 B-2 轰炸机首次实战应用。

联合国报告称，在科索沃，有近 85 万人被赶出家园，其中绝大多数是阿尔巴尼亚族人。在这场战役前，北约对外宣称，作战目标是迫使塞尔维亚人离开，让维和人员进来，让难民回来。也就是说，南斯拉夫军队必须离开科索沃，由一支国际维和部队取而代之，以便阿尔巴尼亚族难民能够返回家园。

3 月 27 日，俄罗斯杜马谴责北约对南联盟的袭击，并推迟

第七章　当代巴尔干国家军情透视

《第二阶段削减战略武器条约》(START II, *Strategic Arms Reduction Treaty II*)投票。随后,北约对南联盟又实施了第四轮至第七轮空袭行动,打击的重点目标是南联盟的指挥中心、基地等核心军事目标,目的是使南联盟军事运作机制彻底瘫痪。在科索沃战争期间,俄罗斯与南联盟的军事联系并未完全断绝。1999年4月2日,俄军代表团访问了南军第250防空旅第三营,该营在3月27日曾击落一架美军F-117隐形战斗机。4月30日,南联盟空军代表团来到莫斯科,在俄防空部队接受培训。

从4月开始,北约开始打击南联盟的机场、雷达阵地、导弹阵地、通信站、油库、炼油厂、热电厂等重要基础设施。4月3日,贝尔格莱德市中心首次遭到北约导弹袭击,北约轰炸了南联盟内政部,以此表明他们决心在塞尔维亚"追捕头号战犯"(go after the head of the snake)。

4月13日,美国总统克林顿宣布,对南联盟的空袭进入第三阶段,扩大空袭范围,增加空袭强度。北约每天出动的飞机超过600架次,在5月28日达到了792架次。北约加强空中打击,不仅打击战略目标,而且打击南斯拉夫地面部队,包括单兵坦克和火炮。被袭击的目标包括多瑙河上的桥梁等基础设施以及贝尔格莱德的电视塔和政党总部。美国还向巴尔干派遣地面部队和阿帕奇武装直升机,为地面进攻做准备。

不过,北约部队也有失手的时候。4月14日,北约误击了科索沃阿尔巴尼亚难民营，造成至少60人死亡。

F-16C战斗机是美军比较先进的中低空战斗机。5月的一个夜晚，美军获得情报：南联盟军队在贝尔格莱德部署了多个防空阵地。美军指挥官希望F-16战斗机能够摧毁南联盟的地面防空阵地。F-16属于中低空战斗机，一般的飞行高度低于1.6万米，一旦地空导弹以三倍音速以上的速度追杀，可供F-16反应的时间极短。果然，飞行员还没来得及做出反应，南联盟的地空导弹就击中了飞机腹部，但是，飞机并没有被炸碎，只是炸坏了发动机，失去动力的F-16战斗机滑翔坠毁。在为期78天的空中作战中，南联盟防空部队总共发射了500多枚萨姆防空导弹，但效率很低，美军F-16战斗机部队只有两架飞机被地空导弹击落。

5月8日早上5时45分，以美国为首的北约至少使用3枚导弹从不同方位直接攻击中国驻南斯拉夫大使馆，导弹从主楼五层楼顶一直穿入地下室，使馆内浓烟滚滚，主楼附近的大使官邸房顶被掀落。新华社女记者邵云环、光明日报记者许杏虎和夫人朱颖不幸遇难，另有多人受伤，馆舍毁坏严重。北约的野蛮行径公然违反《联合国宪章》、国际法及国际关系准则，违反《维也纳外交关系公约》，是对中国主权的粗暴侵犯，中国政府对此表示极大愤慨和严厉谴责，并提出最强烈抗议。

6月初，北约停止轰炸行动。6月9日，北约和南联盟正式签署和平协议,南联盟政府被迫接受北约的停战条件,承认科索沃境内的军事存在,允许联合国科索沃维和部队包括北约部队进驻。

6月12日,随着南斯拉夫军队的撤离,北约主导的维和部队在"联合守护行动"中进入科索沃,科索沃危机终于在联合国的参与下获得解决。在这场战争中,北约出动上千架战机和47艘军舰,对南联盟展开了长达78天的空袭,这是北约第一次对一个主权国家进行军事行动,战争造成了严重的人道主义灾难,共有1800多名平民死亡,6000余人受伤,几十万人无家可归。

这场战争使科索沃陷入混乱的境地。几个星期之内,50万科索沃难民返回家园。2006年,南联盟的两兄弟塞尔维亚和黑山分家,宣告欧洲政治版图上不再有"南斯拉夫"这个名词。

2008年2月17日,科索沃单方面宣布独立。俄罗斯在巴尔干的最后一座堡垒被扫平。原南斯拉夫成员国克罗地亚、黑山、马其顿先后选择加入北约,北约东扩,南下地中海,实现了在欧洲的力量扩张。美国也希望通过科索沃战争进一步明确自身的领导地位。

北约的19个国家中,有13个国家直接参与了对南联盟的空中打击,付出了约130亿美元的高额军费,共出动3.2万架次飞机,投弹13000吨,使用了大量杀伤性极强的新式武器。据《化工之友》2001年第6期报道,欧洲出现了"巴尔干综合征",南联盟有 50 万人的健康出现了问题，原因就是美国投掷的贫铀弹引起的病变。文章称，北约部队在空袭时使用了大约 3.1 万枚贫铀弹。贫铀弹是以贫铀合金制成的导弹、炮弹或枪弹，其携带的铀是一种放射性物质，具有辐射毒性和化学毒性。

在军事行动中，北约动用 50 多颗卫星直接参与战斗的情报保障，包括属于美国中央情报局的 2 颗雷达成像军事侦察卫星、3 颗图像和数据传送卫星以及 3 颗轻型卫星。美国空军最先进的 B-2 隐形战略轰炸机、B-1 远程战略轰炸机以及 F-117 隐形战斗轰炸机都投入了战场。价值 22 亿美元的 B-2 隐形轰炸机首次投入实战，配合由 GPS 制导的巡航导弹、激光制导炸弹和联合制导攻击武器，可对目标实施命中精度达 10 米级甚至米级的精确打击。

此次战争呈现的高科技作战样式是典型的非接触式交战，双方从始至终都没有在战场上近距离交战，这在世界战争史上是极为少见的。如今，世界军事领域已经发生深刻变革，发达国家从中获取的军事优势已成为其推行强权政治的重要手段。现代战争不再是传统的陆、海、空三位一体的战争，而是陆、海、空、天、电一体的多元空间的战争。

第二节
当代巴尔干国家军情现状

中国历史坐标轴：

2008年12月，解放军海军舰船编队赴亚丁湾执行护航任务。

2012年9月，中国首艘航空母舰辽宁号交接入列。

1988年12月，苏联在联合国大会上宣布裁军50万，包括从东欧撤出5万军队。东欧剧变后，各国几乎一致选择了西方民主政治体制，有回归欧洲和靠拢西方的发展趋势。第二次世界大战结束后形成的以雅尔塔体系为基础的国际关系两极格局彻底终结。1991年7月1日，华约正式解散，巴尔干各个主权国家走上了自己的发展道路。

阿尔巴尼亚

1992年，阿尔巴尼亚人民军改名为"国民军"。阿武装力量由国防正规军、快速反应部队和地方部队组成。最高军事指挥机关为总参谋部。阿军实行志愿兵役制，军队由陆军、海军、空军、支援司令部、条令和训练司令部组成，总员约12500人。

2000年1月，阿议会通过国防安全战略和国防政策两个文件。国防政策的防御思想是：拥有捍卫国家利益所需的足够力量，重点防御来自北方的威胁。阿武装力量的使命是：捍卫国家的主权、领土完整和宪法秩序。

2022年，阿尔巴尼亚国防预算约3亿美元，占国内生产总值的1.58%。2009年，阿尔巴尼亚加入北约。

波斯尼亚和黑塞哥维那

2003年12月，波黑颁布首部《国防法》，组建国防部。2005年10月，波黑通过《国防法修正案》和《兵役法》，组建全国统一的职业化军队。主席团为武装力量最高统帅，国防部为最高军事领导机构，议会在其职责范围内对军队实施监督。截至2022年12月，波黑武装力量总人数8739人。2022年度国防预算约为1.6亿美元，约占国内生产总值的0.8%。波黑武装力量日为12月1日。

保加利亚

保加利亚军队建立于1944年9月。1990年1月26日，国务委员会决定禁止在军队开展党派活动。同年9月，总统安全委员会成立，主席由总统担任。安全委员会负责制定与武装力量有关的对内对外政策，战时制定反对外来侵略的方针政策。1991年11月8日，国防部长改由文职官员担任。

目前，保加利亚总兵力约3万人，预备役3.6万人。武装部队由陆军、空军以及海军组成，其中陆军约 2.2 万人，空军有 6500 人，海军有 4000 人左右。2022 年国防预算为 20.8 亿欧元。

保加利亚陆军的主要装备有约 410 辆 T-72A / M2 坦克，其中 160 辆为现役，其余为储备。此外还有步兵战车 200 辆，装甲运兵车装备 250 辆，其他各型装甲车 200 多辆，自行火炮 506 门。

保加利亚空军共有 11 架米格 -29A/UB 战斗机，8 架苏 -25 攻击机；运输机有 11 架，直升机有 29 架，其中包括 6 架米 -24 攻击直升机。

保加利亚海军主要由舰艇部队、海军陆战队和岸防部队组成，没有大型军舰，主力舰有 4 艘护卫舰、3 艘比利时维林根级护卫舰、1 艘苏联科尼级护卫舰。海军装备以苏制装备为主，也购买西方的武器。主要海军基地有瓦尔纳、布尔加斯、索佐波尔、阿蒂亚、巴尔奇克以及维丁等。

2002 年，保加利亚加入北约。

北马其顿

1992 年 3 月 28 日，北马其顿建军。总统为武装力量最高统帅。国防政策以维护国家独立主权和领土完整为主要任务，履行北约成员国义务。实行职业军人兵役制，每三年签一次合同。2023 年国防预算总额为 2.7 亿欧元。

北马其顿提出"未来军队2028"概念,呼吁改革军队架构,加强指挥机关建设,重组国防部,目标是将全部部队,尤其是具备部署能力的部队,按照北约标准完成训练。

北马其顿国内几乎不存在军事工业,也没有设计和制造现代军事武器的能力。

北马其顿有现役军人8000人,还有准军事人员7600人,预备役人员4850人。编制有特种部队、机动部队、作战支援部队、战斗勤务部队,此外还有海上部队、航空兵旅。准军事部队(警察力量)包括两支特警部队。有5架米格-3战斗机。

2020年,北马其顿加入北约,是第30个加入北约的国家。由于其军事力量比较薄弱,加入北约的政治意义远远大于军事意义。

黑山

黑山武装部队的最高统帅是总统,国家安全委员会是最高军事决策机构,成员包括总统、总理、议长、国防部长和总参谋长。

黑山希望建立一套完整的国防体系,能够保卫其独立、主权和领土完整。政府希望将黑山整合到北约和欧盟的集体安全体系中。黑山接受北约的作战能力目标,其国防计划向北约标准看齐。

黑山能够生产轻武器和弹药。目前有现役军人1950人,准军事部队 10100 人。陆军的主要军事装备包括装甲输送车、反坦克导弹发射车以及各类火炮。海军司令部下辖四个作战部门——巡逻艇、海岸监视、海事部门和搜救部门。空军主要有波德戈里察空军基地,但由陆军指挥。

2017 年 6 月 5 日,黑山加入北约。

克罗地亚

克罗地亚军队建立于 1991 年,5 月 28 日为建军节。克罗地亚实行志愿兵役制。截至 2020 年 5 月,克罗地亚军队总人数 15605 人,其中现役军人 14325 人,包括陆军 10750 人,海军 1300 人,空军 1300 人。还有准军事部队 3000 人,预备役 18350 人(全部为陆军)。2022 年国防预算为 10.56 亿美元。宪法规定,总统为武装力量的最高统帅。

克罗地亚武装力量的主要任务包括：保卫主权和领土完整,应对恐怖主义,参与国际行动。目标是将军队转变成一支小而专业的军队。克政府与波黑、匈牙利和罗马尼亚都签署了国防合作协议,其军人经常与区域和国际盟友联合训练。

克罗地亚的军事装备几乎全部由苏联时期的装备组成。陆军包括机动部队、作战支援部队、战斗勤务部队和防空部队。海军司令部在斯普利特。装备有巡逻及近岸作战舰艇、水雷战舰艇、两栖作战舰艇、岸防武器等。空军装备有战斗/攻击机、运输直升机、无人机、点防御防空导弹等。

2009年，克罗地亚加入北约。

罗马尼亚

罗马尼亚军队成立于1994年10月25日。最高国防委员会是罗最高军事决策机构，总统兼任委员会主席。国防部是罗军领导机构。1994年3月起，国防部长改由文职人员担任。2003年10月取消义务兵役制。2007年基本实现军队职业化。2022年国防预算为56.5亿欧元，约占国内生产总值的2%。

罗马尼亚军队的建设目标是进行领土防御，支援北约与欧盟的军事任务，为区域/全球的稳定和安全做出积极贡献。目前，罗军正在执行军队现代化和升级计划，已与区域内的盟国签署了国防合作协议。此外，罗马尼亚十分重视与美国的战略伙伴关系。罗马尼亚允许美国宙斯盾岸基弹道导弹防御系统在其境内的德维塞卢进行部署。罗与北约框架和区域内的许多盟国进行共同训练，并参与欧盟和北约的军事任务。不过，罗马尼亚的国防工业比较落后，军事生产活动主要集中于轻武器和弹药。

罗马尼亚有现役军人69300人，其中陆军36000人，海军6500人，空军10300人，联合勤务16500人。还有准军事部队57000人，预备役50000人。

陆军包括正规部队和作战支援部队、战斗勤务部队和防空部队。海军有大型水面作战舰艇3艘，巡逻及近岸作战舰艇24艘，水雷战舰艇11艘，后勤保障舰艇8艘。空军有战斗机、攻击机和运输机。

2002年，罗马尼亚加入北约。

塞尔维亚

塞尔维亚武装力量最高统帅是总统，国防部是武装力量军事领导机构，总参谋部为武装力量军事指挥机构。2022年国防预算约1320亿第纳尔（约合11.2亿欧元）。

塞尔维亚武装力量的主要任务包括保卫领土完整、维持国内安全以及有限地支持维和行动。根据2018年安全战略草案，塞尔维亚面临的主要威胁包括分离主义、宗教和政治极端主义以及国际社会对科索沃的进一步承认。

塞尔维亚有现役军人28150人，其中陆军13250人，空军与防空军5100人，训练司令部3000人，近卫军1600人，其他5200人。准军事部队3700人，预备役50150人。

塞尔维亚已经同意，通过北约伙伴行动计划，进一步加深与北约的合作，但并不打算加入该组织。塞尔维亚与俄罗斯保持着密切的关系。

斯洛文尼亚

斯洛文尼亚国防战略的中心是领土防御和参加维和行动。

斯洛文尼亚是北约山地战中心的框架国家，其空防力量比较薄弱，无法进行空中警戒，所以目前由北约安排意大利和匈牙利为其提供空防安全保障。

斯洛文尼亚的武器装备生产除满足本国军地需求外，还具备出口能力，其产品包括单兵装备、轻武器、弹药和核生化防护与探测设备。

斯洛文尼亚有现役军人7250人，主要为陆军，空军受陆军指挥。还有预备役部队1500人。空军拥有运输机、训练部队、运输直升机和战斗支援部队。

希腊

在希腊的国防系统中，总统是名义上的武装部队最高统帅，总理任最高国防委员会主席，负责国防政策和部队建设。国防部长在总理领导下实施国防政策并管理武装部队。总参谋长主管作战指挥机构。军队受本国和北约双重指挥。实行义务兵役制，服役期12个月。

希腊是北约成员国，领导了一个欧盟的战斗群。希腊有强大的国防工业，能够制造和开发海军舰船、子系统、各类弹药和轻武器，其重点在于发展国内市场。

希腊有现役军人142350人，其中陆军93500人，海军16250人，空军21000人，联合勤务11600人。此外，还有准军事部队 4000 人，预备役 22050 人。

陆军包括战备部队、24 小时动员部队、48 小时内动员部队。海军拥有潜艇 11 艘，大型水面作战舰艇 13 艘，巡逻及近岸作战舰艇 33 艘，水雷战舰艇 4 艘，两栖作战舰艇 20 艘，后勤保障舰艇 25 艘。空军拥有战斗机、预警机、搜救/运输直升机、运输机等，防空部队装备远程防空导弹、近程防空导弹和高射炮。

1952 年，希腊加入北约。

第三节
巴尔干国家参与国际军事事务动向

中国历史坐标轴：

2015年12月，解放军陆军领导机构、火箭军、战略支援部队成立。

冷战结束以来，全球军事力量不断分化、重组，给冷战后的巴尔干国家带来机遇和挑战。这些国家积极参与国际事务，推行外向型军事战略，在国际事务中发挥着越来越重要的作用。大多数巴尔干国家都加入了北约，各国都在通过联合军事演习、联合开发武器装备、军事互访等活动，不断扩大自身的影响，有的国家在国际军事冲突中表现得非常活跃。这些充分说明，巴尔干国家期望通过国际军事舞台来提高其国际影响力。

阿尔巴尼亚

阿尔巴尼亚政府寻求提高其机械化步兵营的战备水平，履行其对北约的义务。其他目标还包括改善边境的管理能力、提高信息共享能力以应对跨国犯罪和恐怖主义。意大利和希腊承担了阿尔巴尼亚空域的警戒任务。阿尔巴尼亚积极参与了欧盟的行动，但不具备独立进行海外部署的能力，只是以多国部队成员的身份参与国际行动。

2009年4月1日，阿尔巴尼亚加入北约。2022年1月，阿尔巴尼亚总理拉马证实，美国欧洲特种作战司令部将在阿尔巴尼亚设立前沿总部，司令部表示，将加强与阿尔巴尼亚盟友的协调。阿尔巴尼亚位于巴尔干地区的中心，这是美国决定在那里设立前沿总部的原因。美国驻阿大使尤里·金表示，这将是美国在阿尔巴尼亚的首个长期军事存在。

2022年7月1日，阿尔巴尼亚总理埃迪·拉马说，位于地拉那南部180千米的帕沙里曼海军军事基地可能对北约有额外价值，阿已准备恢复这一项目，向北约提供前苏联的这个基地。他还表示，阿尔巴尼亚正在与北约商讨，准备在波尔图罗马诺港建立海军基地。这一港口兼具商业功能，军事基地部分由阿尔巴尼亚和北约共同出资建设。波尔图罗马诺港位于亚得里亚海岸，阿尔巴尼亚计划将其建成该国最大的港口。

保加利亚

作为北约成员国，保加利亚与美国有着紧密的联系。由于保加利亚作战飞机数量有限，该国的空域由北约的空中警戒部队负责保护。保加利亚与区域盟国签署了若干双边防务合作协议，定期与北约伙伴和区域盟国进行训练和演习，参与了一系列北约和欧盟的任务，但他们没有相应的后勤保障能力。

2024年1月，保加利亚国防部长托多尔·塔加列夫表示，保加利亚正在进行基础设施建设，以容纳5000人的多国联合军。在美国访问期间，他和美方探讨了如何为部署多国联合军队提供必要的基础设施等问题，包括可以让盟军快速部署的公路和铁路等。9月，保加利亚国民议会（国会）国防委员会以11票赞成、4票反对的结果，通过支持倡议，批准向乌克兰转让有缺陷的S-300防空导弹系统。

北马其顿

北马其顿武装力量的主要任务包括保卫国家主权和领土完整，参与欧盟、北约和联合国组织的作战行动。他们已经参与了欧盟和北约的行动，其中部分人员被部署到了阿富汗。对国际维和行动的参与，提高了其后勤保障能力。北马其顿"2014—2023现代化计划"意图将军事装备升级到北约标准，但目前进展不大。目前最重要的一些项目包括采购防空导弹和中远程反坦克武器系统。

2022年5月，在俄罗斯对乌克兰采取特别军事行动后，北约"2022快速反应演习"（Swift Response 22）在北马其顿举行，美国、英国、法国、意大利等盟国的约4500名军人参加了演习。

这场军演是为了向成员国和盟国展示北约的大型地面作战能力。

黑山

近年来，黑山与克罗地亚、斯洛文尼亚和波兰签署了防务协议。黑山军队在设计层面上不具备海外部署能力，其后勤能力也不足以支持海外部署。不过，黑山的军事人员随同北约部队被部署到了阿富汗，这为他们提供了宝贵的经验。黑山希望换掉老旧的苏联时期装备，重点采购轻型和中型直升机、轻装甲车以及符合北约标准的通信设备。未来的计划还包括在陆军系统内建立一支特种作战部队和情报部队。

2023年5月21日至6月2日，"欧洲卫士-2023"演习在西巴尔干地区举行，7000多名美国军人以及来自北约20个成员国和伙伴国的17000名军人参加了演习。5月22日，与之相关联的"即时响应-23"演习（Immediate Response 23）在黑山启动。北马其顿、阿尔巴尼亚、保加利亚、克罗地亚和斯洛文尼亚也同时举行"即时响应-23"演习，约有2870名美国军人和7000名其他国家的军人参加。

克罗地亚

克罗地亚军事力量的主要任务包括保卫国家主权和领土完整、打击恐怖主义以及为国际维和组织做出贡献。克罗地亚以前的军事装备几乎都是严重老化的前苏联武器，2009年加入北约后,其装备现代化的更新方向转向欧美,现在,克罗地亚的军事装备均购自西方。陆军从美国采购的 165 辆二手"布拉德利"步兵战车,预计 2023 年至 2027 年交付完毕。2018 年 3 月 29 日,克罗地亚政府通过决定,出资 29 亿库纳(约 4.2 亿欧元)从以色列采购 12 架 F-16C/D Block 30 Barak 战斗机;2021 年 11 月,克罗地亚又从法国采购了 12 架二手阵风战斗机。

克美两国军事合作不断强化,2013 年,克罗地亚加入欧盟,成为以美国为首的西方阵营的一员。但克罗地亚并非完全遵从北约的做法。2022 年 10 月 19 日,克罗地亚总统佐兰·米拉诺维奇表示,不赞成在克罗地亚训练乌克兰士兵的提议,不支持更多地将克罗地亚卷入俄乌冲突。

克罗地亚的轻武器制造业发达,步枪、军装、头盔都有强劲的出口竞争力,是北约排名前十的武器出口国。

罗马尼亚

罗马尼亚是北约的忠实成员,与北约框架和区域内的许多盟国签署了国防合作协议,进行共同训练,并参与欧盟和北约的军事任务。此外,罗马尼亚还十分重视与美国的战略伙伴关系,允许宙斯盾岸基弹道导弹防御系统在其境内的德维塞卢进行部署。

罗马尼亚军队的武器主要由过时的苏联装备构成,这些装备是限制其战斗力的关键因素。罗马尼亚的军备采购计划包括装甲车辆、防空雷达、地对空导弹和轻型护卫舰。为了增强空战能力，他们还从美国购入了二手F-16战机。

2023年12月12日，五角大楼下属的美国国防安全合作局表示，美国务院已批准向罗马尼亚出售价值约8000万美元的标枪反坦克导弹及相关设备，包括263枚标枪导弹以及26套发射装置。采购计划还包括标枪导弹使用训练、模拟弹以及后勤和技术服务。

2024年4月，北约"海上盾牌-2024"（Sea Shield-2024）大规模海军演习在罗马尼亚东南部地区拉开帷幕。来自罗马尼亚和12个盟国、伙伴国的2200多名军人参加了演习。演习"有助于推动地区、国际倡议，促进罗马尼亚利益，并提高参演部队之间的联合作战水平"。

塞尔维亚

塞尔维亚为欧盟、欧安组织和联合国维和任务做出了一定贡献。塞尔维亚同意通过北约伙伴行动计划进一步加深合作，不过并不打算加入北约。塞尔维亚军队的训练伙伴主要是巴尔干邻国、白俄罗斯、俄罗斯以及北约国家。

2024年3月21日至24日，塞尔维亚陆军之家举行"不要遗忘！"国际会议，纪念1999年北约侵略南联盟25周年。塞尔维亚总统武契奇表示，不会承认科索沃独立，也不会加入北约。

4月，塞尔维亚总统武契奇访问法国，签订12架阵风战斗机采购合同，总金额在30亿欧元左右。这标志着俄罗斯不再是塞尔维亚唯一的武器供应国，象征着塞尔维亚外交路线的转变。

斯洛文尼亚

自2004年加入北约和欧盟以来，斯洛文尼亚国防战略的中心就是领土防御和参加维和行动的能力。2018年7月，斯洛文尼亚被第三次派遣参加北约"增强前沿存在"的轮换任务，派出的部队属于加拿大领导的战斗群。在欧盟、北约和联合国的行动中，斯洛文尼亚都做出了贡献。

2023年7月，斯洛文尼亚国防部完成2023年至2026年采购计划的修订，计划为军队采购1架C-27J战术运输机和6架多用途直升机，预计耗资近4亿美元。斯洛文尼亚国防部计划于2028年后购买更多直升机。

希腊

近年来，希腊与塞浦路斯、埃及和以色列签订了防务合作协议，在欧盟、北约和联合国的任务中做出了贡献。2018年，希腊与美国开始进行谈判，目的是增强美军在该国的军事力量。双边防务合作协议是美国—希腊防务合作的基石，希腊为美军提供位于克里特岛苏达湾的海军支援设施和机场。

第七章　当代巴尔干国家军情透视

2021年10月14日,美国国务卿布林肯和希腊外交部长尼科斯·登迪亚斯在华盛顿签署了扩充两国防务合作的协议。根据新协议,美军除使用目前驻希腊的军事基地外,还将获准使用另外4处基地,其中包括紧邻希土边境的亚历山德鲁波利斯军港。土耳其总统称,希腊几乎已经成为美国的军事基地。

2024年4月23日,美国国防部长奥斯汀与希腊国防部长尼科斯·登迪亚斯通话,双方讨论了双边防务关系、希腊对红海安全的贡献等问题。

第四节
巴尔干国家军事发展与走向

中国历史坐标轴：
2018年4月，退役军人事务部成立。
2019年10月，歼-20战机列装解放军空军部队。

巴尔干半岛地处欧、亚、非三大陆之间，地理位置极为重要。在历史上，巴尔干一直是军事冲突的热点地区，这也决定了巴尔干国家的军事发展战略与其地理位置的关系。军事规律是随着人们地理视界的打开而变化的，巴尔干半岛的特殊地理位置及其地缘政治，在很大程度上影响和决定了巴尔干各国军事历史的发展进程。

巴尔干的军事历史具有先天的复杂性。这里是国际关系中复杂多事的地区，素有"火药桶"之称。这个火药桶的影响经常超越巴尔干半岛的地域，打乱欧洲大国的军事平衡，构成更大范围冲突的起因。在这里，由于种种历史原因，民族矛盾、宗教冲突、文化差异、边界纠纷、政治分歧等棘手的问题盘根错节，相互影响。1875年黑塞哥维那起义酿成了东方危机，成为巴尔

第七章 当代巴尔干国家军情透视

干近代史的一个转折点；1885年塞尔维亚和保加利亚爆发战争，起因是两国关系中存在地区争议；1903年马其顿发生著名的伊林顿起义，这是马其顿民族反抗奥斯曼帝国压迫的反抗。两次巴尔干战争揭示了小国冲突背后的大国博弈；两次世界大战从巴尔干地区爆发，进一步证实了巴尔干处于"决定欧洲历史的一些事态的正中心"。这种复杂的历史背景对巴尔干国家的军事发展产生了深远影响，使得各国的军事策略和战术往往充满变数和不确定性。

巴尔干国家追求独立与合作的愿望共存。在20世纪末，巴尔干地区的不稳定因素依然很多：希腊和土耳其因爱琴海诸岛的归属及塞浦路斯问题关系紧张；马其顿和希腊因国名问题发生的争执仍未了结；希腊和阿尔巴尼亚之间因少数民族问题而潜伏危机；阿尔巴尼亚和南斯拉夫联盟之间存在着科索沃问题。如何处理上述问题，直接关系到整个巴尔干地区的稳定。在这种情况下，巴尔干国家开始寻求国际合作，以解决内部矛盾和外部危机。

第二次世界大战结束后初期，出于安定团结、消除对立局面的愿望，有关巴尔干联邦的主张应运而生，但这种乌托邦的思想是极不现实的。1953年至1955年，南斯拉夫、希腊和土耳其三国抱着不同的愿望，签订了三国条约，体现了三国共同合作、积极解决危机并实现和平的初衷。三国一致保证，用和平途径解决争端，本地区其他国家也可以加入该条约，这对于当时的巴尔干和欧洲都具有重大意义。1997年11月3日至4日，第一次巴尔干国家首脑会议（Balkan Summit）在希腊克里特岛举行，这是1991年南斯拉夫解体和1992年4月波黑战争爆发后，巴尔干国家针对区域合作问题进行的首次会晤。

乌克兰与巴尔干地区接邻，俄乌冲突以来，乌克兰在巴尔干寻求帮助，大部分巴尔干国家也支持乌克兰。2024年2月，乌克兰总统弗拉基米尔·泽连斯基（Volodymyr Zelenskyy）在乌克兰—东南欧峰会上提议，与巴尔干国家联合生产武器弹药，为乌军提供军事后勤支持。几乎所有巴尔干国家都参加了这次会议，阿尔巴尼亚、保加利亚、北马其顿、黑山和罗马尼亚均明确表示，支持西方对俄罗斯的制裁，向乌克兰提供武器装备。

近年来，巴尔干国家的军事合作不断加深。2012年6月13日，第六届巴尔干国家国防参谋长会议在保加利亚首都索非亚举行。会议同意，整合各个巴尔干国家军队的模拟军事训练资源，建立东南欧联合军事模拟训练合作机制，在巴尔干国家之间开展军队训练以及安全训练方面的合作。这表明，尽管历史上存在冲突和战争，但现代巴尔干国家已经开始认识到军事合作的重要性，并将其作为维护地区稳定和安全的重要手段。将自身军事力量公开展现给彼此并互通互助，也说明了巴尔干国家在军事上的自信和互信。

第七章 当代巴尔干国家军情透视

不仅如此，巴尔干国家对外合作的自觉性也在不断增强，彰显出对外影响力的扩大。2023年7月，泽连斯基对保加利亚进行访问，双方签署联合声明，保加利亚支持乌克兰加入北约。保加利亚是巴尔干历史上的军事强国，现在在地区安全和联盟关系中也具有很大的影响力。

值得一提的是，在大部分巴尔干国家加入北约的情况之下，这种合作往往是在北约指导下进行的。近年来，在世界很多地区发生冲突后的维和任务中，都出现了巴尔干国家的影子，虽然派出的军队数量很少，执行的也大多是保障性的军事任务，但它反映了巴尔干国家在政治和军事上北约化的一面。阿富汗反恐战争中，以北约名义参与海外部署任务的国家中，阿尔巴尼亚有136人，保加利亚有158人，北马其顿有44人，罗马尼亚有742人。此外，还有一些国家以欧洲安全与合作组织（OSCE）、欧盟（EU）、联合国（UN）的名义对外执行任务。

目前，整个巴尔干半岛俨然已经是北约的天下，巴尔干半岛只剩下塞尔维亚与波斯尼亚和黑塞哥维那不是北约成员国。塞尔维亚这些年也在加强同北约的合作，2006年，塞尔维亚加入北约"和平伙伴关系"计划；2018年10月，塞尔维亚同北约38个成员国及其伙伴国进行了代号为"塞尔维亚2018"的"灾难应急响应演练活动"。虽然塞尔维亚是同俄罗斯保持传统盟友关系的国家，但它也在寻求与北约之间的合作，力求在北约和俄罗斯之间保持平衡外交。

冷战结束后,不同国家和集团在巴尔干及周围地区进行了势力争夺。巴尔干一些国家之间悬而未决的争端为外界利用,巴尔干国家内部也有不同的政治势力进行博弈,所以,巴尔干的局势很不稳定。这些外部力量之间的博弈对巴尔干国家的军事发展产生了重要影响。美国、欧盟、俄罗斯和土耳其等国际力量在巴尔干地区的影响力逐渐显现。

美国和欧盟通过北约等组织在巴尔干保持军事存在,例如设立军事基地和出售武器等。俄罗斯在21世纪初重返巴尔干,利用能源、军事等优势,特别是"软力量"的运用,使其在巴尔干的影响力显著提升。在总统普京的领导下,俄罗斯执行积极的巴尔干外交政策,与巴尔干地区的一些东正教国家重签经济、政治、军事、文化协议。土耳其则利用地缘优势,尤其是宗教因素,在巴尔干地区不断提升影响力。土耳其试图重写五百年前对巴尔干地区的侵略史,并通过"亲情外交"等方式在本地区拉拢巴尔干国家。

武器装备和军事技术是一个国家建设武装力量和进行战争的物质基础和重要保证,也是构成军队战斗力的重要因素。顺应新时代的要求,巴尔干国家在武器装备配置以及军事技术方面也会随形势的变化而变化。

巴尔干国家以前大多是华约国家,与苏联的军事关系较为亲密，因此，这些国家使用的大多是苏制装备和技术。虽然冷战已经过去三十多年，而且这些国家已经加入北约，在意识形态方面发生了改变，但由于经济发展的原因，很多国家的军事装备更新率很低。除了希腊之外，其他巴尔干国家的装备大部分是冷战时代的产品，大型武器装备技术参数低，作战性能差，根本无法和现代西方国家的武器相比。可以说，这些国家只是在意识形态方面倒向北约，在装备上并没有跟上现代化的步伐，其中的原因，一是巴尔干国家没有全球作战的需要，作战对象主要是近邻国家，规模一般比较小，用不到大型装备；二是从俄式装备转换到西方武器体系，存在着系统对接和语言等方面的问题。

融入北约军事集团之后，为了更好地形成一体化作战模式，无论是从北约的信任度方面，还是从扩大自身影响的意愿来说，巴尔干国家都需要更新和使用西方的新武器新技术。例如，美国援助给阿尔巴尼亚的贝尔 206 型多用途直升机，可以用于给养补给、指挥与控制、救护、运输等任务，可以大大提升军队的作战能力。2022 年 1 月，克罗地亚政府批准为陆军采购 89 辆二手布拉德利 M2A2 步兵战车，总价值约 1.96 亿美元，预计在 2027 年前交付。新的武器装备和技术的运用，不仅可以大大提高军队的战斗力，而且会在战争样式、作战方法、军队组织编制以及军事理论方面对国家军事力量产生重大影响。

后记

接到"走近巴尔干"丛书写作计划时,笔者感到兴奋且不安。让笔者高兴的是编委的信任,不过,随着写作构思的深入,笔者更多地感到了不安。经过一年多的写作,木已成舟,兴奋之余,愿与读者分享写作过程中的一些感受,便于大家对本书的理解。

目前关于军事历史方面的书籍很多,例如各国军事历史,还有不同军兵种的军史。和其他课题一样,这些研究无非是把两个或多个概念交叉,互相牵制,形成主题。比如某国军史,限定的是"某个国家"和"军事历史",军兵种的军史则是"某军兵种"和"军事历史"的交叉点。"某个国家"和"某军兵种"是十分确定的概念,而巴尔干这一概念很难锚定,它既不是一个国家,也不是一个较为稳定的政体。因此,它其实是关于一个地区的军事历史。在确定这一主题内涵后,就可以确定以不同时期作为研究对象的构思方向。

众所周知,巴尔干位于三大洲交界处。交通要道历来为兵家必争之地,此地区小国林立,政权交叠,关系极为复杂。相对来说,本书的第一章和第六、第七章比较好写。第一章所写的古希腊人是巴尔干的主体;第六、第七章所涉及的时期,巴尔干地区已经形成了较为稳定的国家或政体,对象比较单一。中间几章所写的巴尔干其实处于不同的统治之下,而统治者的军事发展状况并不能代替巴尔干的军事历史。在这些章节里,笔者倾向于发掘当时巴尔干地区的小规模战争、兵役制度以及

后记

对整个帝国的影响等与军事相关的内容，这样才能真切地反映主题内容。

在写作之初，笔者翻阅了一些军事历史书籍，发现其写法大致有两种：一种是通史类写法，即按不同时期写作，内容比较全面，衔接紧密，缺点是限于篇幅，对细节不能面面俱到；另一种写法是故事型，即大致以历史时间为序，内容依靠搜集撰写小故事构成。这种写法比较吸引人，而且比较省力，但也有致命缺陷，那就是时间跳跃性大，缺乏宏观的整体感，读者受益性不强。本书选择了前一种写法，突出了学术性，对读者来说有一定深度，但可以促进思考，形成系统的知识结构。

我希望读者读完本书时，可以较为清晰地了解巴尔干的历史发展及地域形成，理解它为什么会被称为"火药桶"，理解历次战争背后的逻辑性。这也许会让读者感受到一定的压力，但也会给读者带来学习的乐趣。

最后，需要向读者说明的是，巴尔干军事史涉及的内容繁多而且复杂，建议读者借助互联网查阅相关地图、事件、人物及武器装备等，作为直观的参考。

作者

2024 年 6 月

参考书目

中文著作

冷兵器研究所:《军事里的世界史》,新世界出版社 2022 年版。

李朋:《世界近代中期军事史》,中国国际广播出版社 1996 年版。

李筠:《罗马史纲》,岳麓书社 2021 年版。

刘庆、毛元佑:《世界中世纪军事史》,中国国际广播出版社 1996 年版。

龙源、于可:《世界古代中期军事史》,中国国际广播出版社 1996 年版。

鲁亦冬、张宁:《世界当代军事史》,中国国际广播出版社 1996 年版。

马细谱、余志和:《巴尔干百年简史》,中国青年出版社 2018 年版。

皮明勇、宫玉振:《世界现代前期军事史》,中国国际广播出版社1996年版。

申沉:《世界古代前期军事史》,中国国际广播出版社1996年版。

谢安邦、何布峰:《世界现代后期军事史》,中国国际广播出版社1996年版。

吴秀永等:《世界近代后期军事史》,中国国际广播出版社1996年版。

薛君度:《转轨中的中东欧》,人民出版社2002年版。

岳庆平、左芙蓉:《世界古代后期军事史》,中国国际广播出版社1996年版。

张晓校:《世界近代前期军事史》,中国国际广播出版社1996年版。

指文烽火工作室:《帝国强军:中国八大古战精锐》(修订版),吉林文史出版社2018年版。

指文烽火工作室:《战争事典015》,人民日报出版社2016年版。

译著

[俄]А.Г.扎多欣、А.Ю.尼佐夫斯基著:《欧洲的火药桶:20世纪的巴尔干战争》,徐锦栋等译,东方出版社2004年版。

[美]爱德华·N.勒特韦克:《罗马帝国的大战略》,孙艳萍、茅雨晨译,浙江大学出版社 2020 年版。

[英]奥兰多·费吉斯著:《克里米亚战争:被遗忘的帝国博弈》,吕品、朱珠译,南京大学出版社 2018 年版。

[英]彼得·格林、亚历山大·沃森:《马其顿的亚历山大》,詹瑜松译,民主与建设出版社 2018 年版。

[英]查尔斯·欧曼著:《拜占庭帝国的故事》,李达译,中国友谊出版公司 2022 年版。

[英]查尔斯·威廉·欧曼爵士:《中世纪战争艺术史》(第二卷),王子午译,台海出版社 2022 年版。

[英]狄奥尼修斯·史塔克普洛斯:《东罗马:帝国的最后千年》,陈友勋译,化学工业出版社 2023 年版。

[英]罗宾·沃特菲尔德:《征服希腊:罗马与地中海霸权》,韩瑞国译,社会科学文献出版社 2023 年版。

[美]帕特里克·怀曼:《欧洲之变——震撼西方并塑造现代世界的四十年:1490—1530》,朱敬文译,中信出版集团 2023 年版。

[英]斯蒂芬·P.克肖:《罗马的敌人:撼动帝国的蛮族》,唐奇译,中国人民大学出版社 2023 年版。

[古希腊]修昔底德:《伯罗奔尼撒战争史》,何元国翻译、编注,中国社会科学出版社 2017 年版。

[英]约翰·弗雷德里克·查尔斯·富勒:《西洋世界军事史》,钮先钟译,广西师范大学出版社 2012 年版。

[英]约翰·弗雷德里克·查尔斯·富勒:《西方世界的决定性会战及其对历史的影响》(全三卷),王子午、李晨曦等译,中国书籍出版社 2023 年版。

外文书籍

Allin, Dana H., *NATO's Balkan Interventions*, London, New York: Routledge, 2017.

Bleach, Lorna and Keira Borrill, eds., *Battle and Bloodshed: The Medieval World at War*, UK: Cambridge Scholars Publishing, 2013.

Boeckh, Katrin and Sabine Rutar, eds., *The Wars of Yesterday: The Balkan Wars and the Emergence of Modern Military Conflict, 1912–13*, UK: Berghahn Books, 2020.

Brune, Lester H., *The United States & the Balkan Crisis, 1990–2005: Conflict in Bosnia & Kosovo*, Claremont, Calif.: Regina Books, 2005.

Geppert, Dominik, William Mulligan, eds., *The wars before the Great War conflict and international politics before the outbreak of the First World War*, London: Cambridge University Press, 2015.

Glenny, Misha, *The Balkans: Nationalism, War, and the Great Powers, 1804–2012*, US: Viking Penguin, 2000.

Lampe, John, *Balkans into Southeastern Europe, 1914–2014: A Century of War and Transition*, Houndmills, Basingstoke, Hampshire: Palgrave Macmillan, 2014.

Lawrence, David, *Liberating Kosovo: Coercive Diplomacy and U.S. Intervention*, Cambridge, MA: MIT Press, 2012.

Pettifer, James and Tom Buchanan eds., *War in the Balkans: Conflict and Diplomacy before World War I*, US: I.B.Tauris & Co. Ltd., 2016.

Schurman, Jacob Gould, *The Balkan Wars: 1912–1913*, third edition, US: Duke Classics, 2012.

Simkins, Michael, *Roman Army from Caesar to Trajan*, UK: Osprey Publishing, 1984.

Uyar, Mesut and Edward J. Erickson, *A Military History of the Ottomans*, California: ABC-CLIO, LLC, 2009.

图书在版编目（CIP）数据

烽火逐鹿：巴尔干军事史话 / 张北晨编著.
北京：五洲传播出版社，2025.4.--（走近巴尔干·历史回响）.-- ISBN 978-7-5085-5319-1

Ⅰ.D854

中国国家版本馆 CIP 数据核字第 2024FD9078 号

烽火逐鹿：巴尔干军事史话

编　　著：	张北晨
出 版 人：	关　宏
策划编辑：	邱红艳　王　峰
责任编辑：	邱红艳
文字编辑：	宋舒红
装帧设计：	蒲建霖　牛一博
图　　片：	CFP
出版发行：	五洲传播出版社
地　　址：	北京市海淀区北三环中路 31 号生产力大楼 B 座 6 层
邮政编码：	100088
发行电话：	010-82005927，010-82007837
网　　址：	http://www.cicc.org.cn
	http://www.thatsbooks.com
承　　印：	涿州市荣升新创印刷有限公司
版　　次：	2025 年 4 月第 1 版第 1 次印刷
开　　本：	880mm×1230mm　1/32
印　　张：	8.25
字　　数：	140 千字
定　　价：	98.00 元